巨大出版社女社長のラストメッセージ

メディアへの教訓

大川隆法
Ryuho Okawa

まえがき

幸福の科学が組織としてスタートしたのが一九八六年十月六日。宗教法人格を取得したのが一九九一年三月七日。今昔《こんじゃく》の感《かん》にたえないが、それ以前は、当会が派《は》手《で》に活動しても無視していたマスコミが、一斉《いっせい》にワーッと攻めたててきた。宗教法人の公益性や非課税部分もあるところをチェックすることがマスコミの大義だと感じたのかもしれない。

憲法学では、戦後日本では、表現の自由、言論の自由、出版の自由を擁護《ようご》することが、民主主義の担保《たんぽ》に資《し》することになる、ということで、マスコミの報道の自由も性善説的に捉《とら》えて教えていた。しかし、私自身、マスコミとの言論戦を通して、憲法学者の人間学、社会学のツメの甘さを実感することとなった。さらに、「自ら望んで渦中《かちゅう》の人になった者にはプライバシー権はない。」というマスコミ憲法も知った。つまり、「言論には言論で」というマスコミ・ルールを遵守《じゅんしゅ》すると、袋《ふくろ》ダタキにあう、ということである。

この単純なルールを教えてくれる人もいないので、泣き寝入りしてきた人は多かろう。しかも、マスコミは、他人を反省させるのは大好きだが、自らは、百万分の一ぐらいの確率でしか謝罪はしないものだと承知している人も多くはない。

今回、「報道の自由」「取材の自由」「国民の知る権利」などが現行憲法に明文化されていないにもかかわらず、マスコミがこの国の実質上の第一権力となっている事実、さらにマスコミ対宗教の価値対立という論点について掘り下げてみた。多くの関係者の参考ともなる、戦後文化史の分岐点《ぶんきてん》についての、歴史的証言にもなりえる一書だろう。

二〇一五年　七月二十三日

幸福《こうふく》の科学《かがく》グループ創始者兼総裁《そうししゃけんそうさい》　大川隆法《おおかわりゅうほう》

巨大出版社　女社長のラストメッセージ　メディアへの教訓　目次

巨大《きょだい》出版社　女社長のラストメッセージ
メディアへの教訓

二〇一五年六月二十六日　収録
東京都・幸福の科学　教祖殿《きょうそでん》　大悟館《たいごかん》にて

6　幸福の科学は「複雑怪奇《かいき》な存在」　96

「霊言現象《れいげん》」とは、あの世の霊存在の言葉を語り下ろす現象のことをいう。これは高度な悟《さと》りを開いた者に特有のものであり、「霊媒現象《れいばい》」（トランス状態になって意識を失い、霊が一方的にしゃべる現象）とは異なる。

なお、「霊言」は、あくまでも霊人の意見であり、幸福の科学グループとしての見解と矛盾《むじゅん》する内容を含《ふく》む場合がある点、付記しておきたい。

巨《きょ》大《だい》出版社　女社長のラストメッセージ
メディアへの教訓

二〇一五年六月二十六日　収録

東京都・幸福の科学　教祖殿《きょうそでん》　大悟館《たいごかん》にて

野間佐和子《のまさわこ》（一九四三〜二〇一一）

講談社第六代社長。同社第四代社長・野間省一《しょういち》の長女。清泉《せいせん》女子大学英文科を中退し、阿南惟道《あなみこれみち》（後《のち》の第五代社長）を婿《むこ》養子として迎《むか》える。長らく専業主婦の生活を続けていたが、一九八七年、惟道の死に伴《ともな》い、社長に就任。二十四年間にわたって講談社を牽引《けんいん》するも、二〇一一年、引退直前に心不全《しんふぜん》で逝去《せいきょ》した。

質問者　※質問順

酒井太守《さかいたいしゅ》（幸福の科学宗務《しゅうむ》本部担当理事長特別補佐《ほさ》）

里村英一《さとむらえいいち》（幸福の科学専務理事〔広報・マーケティング企画《きかく》担当〕兼《けん》HSU講師）

綾織次郎《あやおりじろう》（幸福の科学上級理事 兼「ザ・リバティ」編集長 兼HSU講師）

スピリチュアル・エキスパート

竹内久顕《たけうちひさあき》（幸福の科学宗務本部第二秘書局担当局長）

〔役職は収録時点のもの〕

1　講談社前社長・野間佐和子《のまさわこ》氏を招霊《しょうれい》する

まったく予期していなかった野間佐和子霊《のまさわこれい》の訪問

大川隆法　今日はたまたまスケジュールが空《あ》いていたので、「何かしようかな」とは思ったものの、何も思いつかないまま、朝ご飯《はん》を食べていたわけですが、ちょうど食べ終わったあとぐらいから、何だか急に体が重くなってきたのです。「何か来たのかな」と思って調べてみたところ、まったく予期していないような方がお出《い》でになりました。それは、講談社の野間佐和子《のまさわこ》前社長の霊《れい》だったのです。

この方のことはもう忘れかけていたのですが、亡《な》くなってから四年余りになるでしょうか。私のところには病人のような状態で来られました。ただ、何かいろいろと考えていらっしゃるらしく、自分が成仏《じょうぶつ》できていないことは分かっているようです。地《じ》獄《ごく》かどうかは分からないものの、成仏できていないことは分かっているらしく、「幸福の科学と、ちゃんと和解しなければいけないのかなあ」というようなことを言っていたのと、新潮社《しんちょうしゃ》や文藝春秋《ぶんげいしゅんじゅう》等を見ていて、多少、何か申し送りしたいこともあるように言っていました。

また、「今の若い人たちは、あのころ、まだ生まれていなかったのではないか」ということも言っていました。

「主婦」から「出版社社長」へと転身《てんしん》した野間佐和子氏

大川隆法　野間佐和子さんは、私より十三歳《さい》ほど上の方だったと思いますが、講談社の四代目社長・野間省一《しょういち》氏の一人娘《むすめ》であり、六代目社長です。

そして、阿南惟幾《あなみこれちか》元陸軍大臣の五男・惟道《これみち》氏と結婚《けっこん》しています。

映画「日本のいちばん長い日」（一九六七年公開）のなかでは、「世界のミフネ（三船敏郎《みふねとしろう》）」が阿南陸軍大臣役で切腹《せっぷく》するシーンを演じていましたけれども、その息子《むすこ》さんと結婚されたわけです。そして、清泉《せいせん》女子大学の英文科にいたときに結婚中退されたようです。

その後は主婦をしていたのですが、五代目社長のご主人が、一九八七年に急死してしまいました。ご主人は、「講談社が大発展するのではないか」と思われるような、非常に自慢《じまん》の方だったようです。

そういうことで、主婦からの思わぬ転身《てんしん》で、野間佐和子氏が八七年に社長になったわけです。そして、幸福の科学が宗教法人格を取った一九九一年の夏ごろから、予期せぬことに、「フライデー戦争」に突入《とつにゅう》してしまい、結局は〝十年戦争〟ぐらいになりました。十年ほどやって、自然に、だんだん「撃《う》ち方やめ」になったように思います。

ただ、十年以上たってから聞いたこととしては、先方が、「幸福の科学と戦って、何一ついいことはなかった。まったくいいことはなかった」などと言っていたようです。

その後、野間佐和子氏は活字文化の振興《しんこう》に力を注《そそ》ぐようになり、一九九九年ごろ、キャラバンカーに絵本を積んで全国の幼稚園《ようちえん》や公民館等を訪問する「全国訪問おはなし隊」を創設しました。

そして、二〇一一年四月中旬《じゅん》には、長男に社長を譲《ゆず》って会長に退《しりぞ》くことが決まっていたそうですが、引退直前の三月三十日、心不全《しんふぜん》により、東京都内の病院で死去されたということです。

この方の社長としての在任期間である二十四年間に、村上春樹《むらかみはるき》の『ノルウェイの森』等のベストセラーを数多く出しています。

売上高二千億円からの赤字転落で浮《う》き沈《しず》みを経験

大川隆法　ちなみに、当会としては、来年（二〇一六年）は「講談社フライデー事件」、および、宗教法人格取得二十五周年になりますが、そのうちの二十年ぐらいは関係があったということでしょうか。

講談社は、一九九〇年代には売上高二千億円台まで伸《の》ばしたこともある一方で、その後の二〇〇二年には赤字決算を経験するなど、だいぶ利益が減ってきているので、いろいろと苦労はされていたようです。

おそらく、ご本人の気持ちとしては、自分が成仏できていないことは分かっていると思われますし、その理由はいろいろあることでしょう。

今日、こちらに来られたのは、もちろん、「（成仏できないのは）どんな理由かを知りたい」ということもあるかもしれませんが、本人としては、「その一つは幸福の科学関係ではないか」と思っているようです。

そこで、多少はこちらに話を聞いてもらって、「何か原因のようなものが分かったら、自分なりに、反省すべきは反省し、お詫《わ》びして、和解すべきところは和解しなければいけないかなあ」と思っているようです。

あとは、ほかのメディアに対しても、ちょっと心配事《しんぱいごと》があるようなことを言っていました。

それはさておき、ご本人はやや寝《ね》たきりのような雰囲気《ふんいき》で、「（今日の収録は）病院服で出てほしい」などと私に言っていたのですが、「さすがに、それでは出られませんね」ということで、ラフな格好《かっこう》で出させてもらいました（当日の大川隆法は、生成《きな》りのジャケットにノーネクタイ、白地の襟《えり》シャツという姿）。

里村　ああ、それで……（笑）。

「おばあちゃんだから、優《やさ》しく丁寧《ていねい》に扱《あつか》うように」と注文をつける

大川隆法　最初の招霊《しょうれい》は私で行いますが、ほかの人でもできそうであれば、（スピリチュアル・エキスパートの）竹内さんのほうに移動してもらってもいいかもしれません。

ただ、あのころはもう生まれていましたか。生まれてはいましたよね？

竹内　はい。

大川隆法　そうですね。生まれてはいましたよね。（聴衆《ちょうしゅう》の）ほかの女性たちを見ても、「あんた、生まれていたの？」などと訊《き》いていたので、みな、幼《おさな》く見えるようです。「おばあちゃんなんだから、丁寧《ていねい》に扱《あつか》ってくれ」ということでした。

それから、「（質問者に）里村と綾織の二人を並べているが、いつもこの二人だな

あ」と言っていました（笑）。

酒井　（笑）よく見ていますね。

大川隆法　ええ。昨日《きのう》は、私はスターリンの霊言《れいげん》（『赤い皇帝《こうてい》　スターリンの霊言』〔幸福の科学出版刊〕）の校正をやっていたのですが、「昨日も地獄から来ていたし」とか何とか言っていたので、まあ、よくご存じです（笑）。

里村　はい。

大川隆法　多少は霊界《れいかい》事情も分かるというか、少しは話ができるようなので、上手に質問をすれば、何か情報を得られる可能性もあります。

『赤い皇帝　スターリンの霊言』（幸福の科学出版）

ただ、「優《やさ》しく扱ってくれ」とのことですから、そのあたりは多少の配慮《はいりょ》をしてもよいかと思います。

では、講談社の野間佐和子前社長よ。

朝から来ておられますので、どうぞ、この場に出て、幸福の科学にて言いたいことがあれば言ってください。お願いします。

（約五秒間、手を数回叩《たた》く）

2　野間佐和子氏の霊《れい》が訪《たず》ねてきた理由

「死んだのは分かってるけど、どうしたらいいか分からない」

野間佐和子　ああ、ううーん……。

酒井　おはようございます。

野間佐和子　うーん……。時間が分からないのよねえ。

酒井　はい？

野間佐和子　時間が分からない。

酒井　ああ、分からないですか。
野間佐和子　うん、ううーん。
酒井　朝とか、夜とか、そういう感じは？
野間佐和子　分からない。
酒井　今は病院にいるんですか。
野間佐和子　いやあ……、死んだのは分かってるけど。うーん……、どうしたらいいか分からないので。
酒井　今、どんな場所にいらっしゃいますか。

野間佐和子　だから、そらあ、病院にいるような気持ちの延長ではあるけどねえ。

酒井　お亡《な》くなりになったときに、「自分は亡くなったんだな」とお分かりになりました？

野間佐和子　うん、それは分かってるの。それは分かってるけど、どうしたらいいかは分からないので。

なんか、今日は、来てはいけないところに来たのかもしれないけど、何か来てしまったので。

酒井　なぜ、今日なのでしょうか。

野間佐和子　分からないんですけどねえ。なぜか来てしまったんで。

酒井　なるほど。分かりました。

野間佐和子　まあ、そういう巡《めぐ》り合わせなのかなあ。

「霊界《れいかい》」の存在を認める野間佐和子氏

酒井　お亡くなりになってから、ずっと考えていらっしゃったことは何ですか。

野間佐和子　やっぱり、いやあ、在任期間のほとんどは、おたく様との問題が大きかったので。半分ぐらいはそうかなあ。

だから、いろいろ考えてるし、今、いちおう、あの世に還《かえ》ったらしいことは分かってるんですけどねえ。

酒井　なるほど。そういう意味では、「霊界思想《れいかいしそう》」とかは信じていらっしゃった?

野間佐和子　霊?

酒井　霊界とかは信じていたんですね？

野間佐和子　まあ、あの世に来てるから分かるよ。それはそうでしょう。

酒井　それを、お分かりにならない方がいらっしゃるんですよ。

野間佐和子　いやあ、それほどバカではないんで。

酒井　なるほど。

野間佐和子　いや、うちは岩波書店とは違《ちが》うから、そんなに固くないからね。「何でもあり」だから、講談社はね。「何でもあり」だから。そらねえ。

酒井　渡部昇一《わたなべしょういち》さんも、「講談社文化」と言って絶賛されていたように、やはり……。

野間佐和子　いや、昔はね、良質の文化人が来てくれたんだけどねえ。だんだん、何か遠ざかっていってるような気がしますねえ。何かが違ってきたのかなあ。ああいう人たちはみんな、遠ざかっていっているんで、少し「迷い」はあるねえ、出版社としてねえ。うーん。

酒井　分かりました。

質問者の一人について「霊界《れいかい》出版社間では有名」と語る

酒井　では、野間佐和子様の今の悩《なや》みについて……。

野間佐和子　「様」を付けてくれるの。ありがとう。

酒井　はい（笑）。

野間佐和子　優《やさ》しいねえ。あんた優しいねえ。

酒井　はい。

野間佐和子　いやあ、うちの息子《むすこ》ぐらいかなあ、歳《とし》。そんなこともない？　もっと行ってるの？　若く見えるねえ。

酒井　たぶん、もう少し行っているかもしれませんね（笑）。

野間佐和子　ああ、そう。若く……。（里村を指して）こちらはずっと上だね。

里村　はい。私はもう……（笑）。

酒井　当時について、よく存じ上げているのが、こちら（里村）です。

野間佐和子　いやあ、なんか、よく本に出てくるらしい有名な方よね？

酒井　「ザ・リバティ」（幸福の科学出版刊）とかでもいろいろ……。

里村　いえいえ、とんでもないです。

野間佐和子　〝霊界《れいかい》出版社〟間では有名だからね。

酒井　霊界で、そういうものもご覧になっているんですか。

「霊言《れいげん》そのものは否定しなかった」という認識をしている

野間佐和子　うーん、いや、そらあ、やっぱり関心は持ってるからね。
いやあ、よう出てくる人だよね。なんや知らんけどね。

酒井　いちおう、当会のジャーナリズム……。

里村　「宗教ジャーナリズム」と言っておりますけれども。

野間佐和子　ハッハッハッハッハッハ（笑）。まあ、そんなに遠慮《えんりょ》せんでもいいのよ。

里村　いえいえ。

野間社長は、霊になった方が、こういう「霊言《れいげん》」というかたちでお話ができること自体はご存じなわけですね？

野間佐和子　うん。霊言そのものは否定しなかったでしょ？　うちだって。おたくと〝あれ〟したけど。霊言を否定したかなあ……。霊言は否定してなかったんじゃないかなあ。

だから、「金儲《かねもう》けがうますぎる」っていうんで、週刊誌ネタにされたんじゃないの？　なんか、そんな感じでなったような気がするけどねえ。

「主婦」から「社長」になった際の心労《しんろう》について

里村　客観的に野間社長の人生を拝見しますと、突然《とつぜん》、主婦から社長になられました。当時は日本最大の出版社でしたけれども、その後、少し売上で……。

野間佐和子　「当時は」って、そんなにほかも大きいわけでも……。

里村　まあ、トップクラスの戦いですけれども、ご在任中、大変なご心労があったのではないかと思います。

野間佐和子　それは難しかった。主婦でしたからね。これはきつかったねえ。聞けば、大川さんも、講談社にそんなに悪いイメージを持ってたわけでもないらしいのに、あんな大騒《おおさわ》ぎになってしまってねえ。ほんとに社長になって立ち上がりの危機ではあったわね。仕事を始めたのは（幸福の科学も）近いんだろうからね。立ち上がりの危機だって。

おかげさまでねえ、なんか、私自身は社長になったけど、写真週刊誌とかに反対だったのに（笑）、おたく様が反対するから、応援《おうえん》しなきゃいけなくなっちゃったりして、なんか変な感じになったんですけどねえ。

潰《つぶ》したくても潰せなくなった「フライデー」

里村　「フライデー」に関しては好きではなかった？

野間佐和子　好感は持ってなかったですけど、あなたがたの非常な攻撃《こうげき》を受けたら、社長としては、やっぱり、どうにかせないかんから、応援せないかんので。まあ、みんな意地になってたからねえ。応援せざるをえなくなって、ちょっと〝逆転〟し始めましたけどね。

私も、書籍《しょせき》出版のほうには意味があると思ってたけど、週刊誌のほうは少ーし〝エログロ〟の世界に入っていたからねえ。どうかなあと思ってはいたんですけどねえ。まあ、女性だから、「きついなあ」という感じは持っていたけど。

でもねえ、八〇年代後半ぐらいからは、写真週刊誌がすごく流行《はや》ってきてたからね。

やっぱり、ブームだったからねえ。まあ、今の映像文化との中間ぐらいで、ああいう写真雑誌みたいなのが存在できたっていうか、活字メディアが廃《すた》れていく、まあ、隙《す》間《き》に出てきたようなものであったのかなあ……。

まあ、ちょっと変になって……。私はほんとは（写真週刊誌を）潰《つぶ》したかったんだけど、あなたがたが反対するから潰せなくなって。

新潮《しんちょう》の「フォーカス」さんは、もう〝店〟を閉《と》じてしまったのに、うちは、「フライデー事件」っていうので有名になっちゃったから、赤字が出ても潰せなくなっちゃって（笑）。まあ、意地になって残してるのは残してるんだけど。

まあ、よかったのか悪かったのか知りませんが、一つの〝文化の保存〟になってしまいましたね（笑）。

「とんでもないところと戦っちゃった」という本音《ほんね》

里村　当時のお話も少しお伺《うかが》いしたいと思うのですが、その前に、野間社長の状況《じょうきょう》としては、二〇一一年三月三十日に亡くなられてから、ずっと講談社のあたりを見たり、日本の出版・言論についてご覧になったりしているわけですね？

野間佐和子　まあ、そんなには働けないんでね。「寝《ね》たり起きたり」っていうところかなあ……。

里村　ただ、ときどき、情報のようなものが入ってきたりする？

野間佐和子　うーん、何となく分かることもあるし、分からんこともあるし、いろいろ考えてたのが、四年もたったのか。ちょっと時間はよく分からんが……。まあ、息子がねえ、（講談社の社長を）やっとるからねえ。「うまくいってるかな、どうかなあ」とか、気にはかけてるし、出版関係のほうは気にしてる。大川さんのね、この仕事……、幸福の科学とかも見てはいるよ。

里村　そうでございますか。

野間佐和子　ときどきね、どうしてるかなあと思って、見てはいるよ。「なんか、とんでもないところと戦っちゃった」みたいな感じだよね。

里村　その「とんでもないところと戦ってしまった」というあたりについて、もう少し詳《くわ》しくお伺いしたいと思うんですけれども。

野間佐和子　（大川隆法の手を見て）爪《つめ》の手入れをしているのね。

里村　えっ？

野間佐和子　あ、ほんとに爪の手入れしてる。爪がテカテカ光ってる。男の人にしては珍《めずら》しいですよね。ねえ？　テカテカしているの。手入れしてるのねえ。いいね。

里村　いやいや、社長も……。

野間佐和子　マニキュアしたら、もっといいんだけどね。赤いマニキュアしてね。

酒井　霊界では、何か手入れをされているんですか。

野間佐和子　いやあ、ちょっと忘れとったのよ。忘れとったのよ、これね。

幸福の科学を叩《たた》く「新潮社《しんちょうしゃ》」「文藝春秋《ぶんげいしゅんじゅう》」に対する忠告

酒井　今日は、ご気分は優《すぐ》れているほうですか。

野間佐和子　いやあ、朝起きたら、何でか知らんけど、来れたのよ。

酒井　なるほど。

野間佐和子　うーん、何でか知らないけど、来れたというか……、そうだ、そうだ、そうだ。

新潮社《しんちょうしゃ》とか、文藝春秋《ぶんげいしゅんじゅう》とかね、それは、日本を代表する出版社なんだろうし、いろんな仕事はあるんだろうけど、少ーし気にはしてるんだ。

新潮とかが、いろいろやってるらしいのは感じてるけど、「幸福の科学は強いよ。だから、あんまり、面白《おもしろ》がってやらないほうがいいよ」っていうことを、ちょっと言っときたいなあと思ってね。

里村　ああ、なるほど。

野間佐和子　いや、講談社のほうが（新潮社や文藝春秋より）ずっと大きいですけど、幸福の科学との〝十年戦争〟は堪《こた》えましたよ。そうとう大変だったんで。

今、新潮社や文藝春秋に対して、幸福の科学はほんとに怒《おこ》ってるわけではないから、適当に相手してくれているのを、「それをあんまり本気にしたらいけない。ほんとに怒らせたら大変なことになるから、やっぱり気をつけたほうがいいよ」と。

出版社も、ただでさえ、どこも危ないんだから。もう今は生き残れるかどうか分からないので、「宗教を叩《たた》けば売上が上がる」っていうのは考え違いだから、気をつけたほうがいいよ。戦って勝てる相手でないよ。それはやめたほうがいいよ。

私に続いて、新潮の社長も、文春《ぶんしゅん》の社長も、みんな成仏《じょうぶつ》できなくなるから、もうやめたほうがいいよ、ほんとに。

酒井　その「成仏できない」というところが、何か引っ掛《か》かっている？　成仏できていないと思っているんですよね？

野間佐和子　だから、マスコミはこれを解明できないでしょう？　まあ、それをちょっとね、理由を知って、どうにかできないかなあと思ってるんだわ。

酒井　なるほど。

『「文春」に未来はあるのか――創業者・菊池寛の霊言――』（幸福の科学出版）

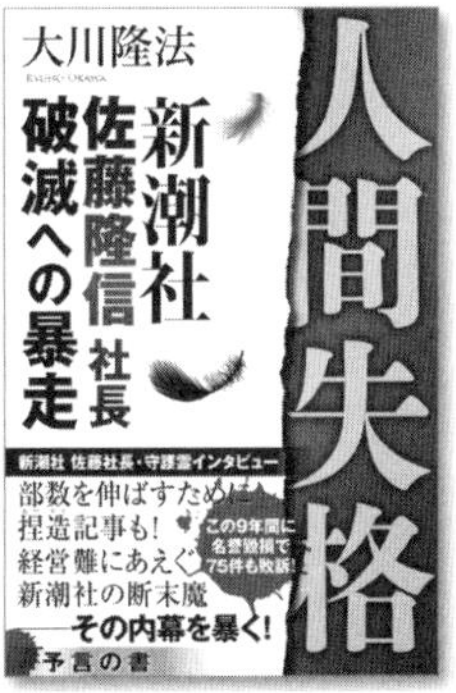

『人間失格――新潮社 佐藤隆信社長・破滅への暴走』（幸福の科学出版）

3 「講談社フライデー事件」を振《ふ》り返る

幸福の科学が「信仰《しんこう》団体」として強くなるのに利用された気がする

里村　今、「幸福の科学と戦っても勝てないよ」とおっしゃいました。

野間佐和子　うん、勝てないよ。やめたほうがいいよ、うん。

里村　では、どういうところで「勝てない」と思われているのでしょうか。

野間佐和子　強い、もう……。強い。

強いし、うちなんか逆に利用されたっていうかねえ……。なんか、スパーリング相手にされたような感じに見えるよねえ。ボクシングのなんかねえ、ファイティングする相手がいないと練習ができないようなときに、相手をして、〝サンドバッグ〟にされてしまったような気がするな。

酒井　でも、当初は、そんなに強いとは思われていなかったですよね。

野間佐和子　うん。それは、（幸福の科学が）宗教法人を取ったばかりだからなあ。だけど、うちを叩《たた》くことで、信仰《しんこう》を高めたんじゃないの？　深めたっていうかさあ、信仰団体として強くなったんだ。うちは、だから、〝逆利用〟されたかなと。大川さんって頭いいねえ。頭いいねえ。

綾織　「幸福の科学の信仰心と組織を強めるために使われていた」と？

野間佐和子　強めちゃったかもねえ。なーんか、ほんとの宗教になっちゃったんだもん。なんかなあ……、最初は出版だけのように見えたけど、ほんとの宗教になっちゃったかなあ。

綾織　「戦っているうちに、幸福の科学がどんどん強くなっていく」というのが誤算《ごさん》だったと？

野間佐和子　信仰心が立ち上がってきて、ほんとの宗教らしくなってきたよね。だから、戦う相手を間違《まちが》えたかなあ……。

幸福の科学が「新潮社《しんちょうしゃ》」ではなく「講談社」と戦った理由

野間佐和子　いや、うちが主力ではなかったので。新潮社《しんちょうしゃ》が先に手を出したので、主力はあっちだったと思うんだが。うちは二番手だったんだけど、うちのほうを戦いの相手に選んでこられたんでねえ。

里村　確かに、「フォーカス」が最初に盗《ぬす》み撮《ど》りをしました。

野間佐和子　そうなのよ。あっちが悪い。悪質なのは向こうだったのよ。

里村　あれは、本当に失礼極《きわ》まりないことでした。

野間佐和子　うちは二番手だったんで、こんなに先発してなかったんだけどね。

里村　ですが、こちらが選んだわけではなくて、九一年の春から夏にかけて、東京ドームでの第一回御生誕祭《ごせいたんさい》に向かっているときに、講談社の「フライデー」や、当時まだございました「月刊現代」、あるいは「週刊現代」という雑誌で、どんどん取材量が増えていったのです。

野間佐和子　まあ、景山《かげやま》（民夫《たみお》）さんとかもねえ、うちで書いてたからねえ。

里村　そうなんですよ。

野間佐和子　だから、編集者も「困る」とは言ってたんだけどね。統一協会のほうは、桜田淳子《さくらだじゅんこ》さんの縄抜《なわぬ》けっていうか、足抜け？　まあ、マスコミが叩いても足抜けしなかったら、結局、芸能界引退になって、統一協会も闇《やみ》に消えていったよねえ。だけど、幸福の科学はそういうふうにはならなかった。だから、違いはあったんだと思うけどね。何だろうね。

いや、新潮社はあの当時、幸福の科学が言ってることを聞いたら、本当に震《ふる》え上がったと思うよねえ。「新潮は小さいから戦うのはやめよう。大きいほうにしとこうか。講談社に替《か》えよう」なんて言ってるんだ。新潮社があれを聞いたら、ほんと震え上がると思うなあ。「本気でやったら、潰《つぶ》れてしまうといかんから。講談社なら、潰れないぐらいのところで止まるんじゃないか」って言って。

でも、講談社をやっても、ほかのメディアは、「弱い者いじめだ」みたいなことを言ってたから、やっぱり「宗教の怖《こわ》さ」みたいなのは、ちょっと感じたかなあ。

「会社を潰《つぶ》さないようにするので、精一杯《せいいっぱい》だった」

里村　そうすると、野間社長としては、九一年に幸福の科学を雑誌で取り上げたことには、あまり賛成ではなかった?

野間佐和子　いや、それは「社長」と言ったって、〝めくら判《ばん》〟だからねえ、もう事実上ね。みんながやってるのを、見てるだけでしたから。

いやあ、女社長がほんとに後《あと》を継《つ》げるかどうかっていうか。まあ、夫の急死のあとだったからねえ。日本の大きな出版社だったからね。メディア界としては、「ほんとにやれるかなあ」っていうような……。

フジテレビなんかもさあ、鹿内《しかない》さんの一族で継げるかどうかの騒動《そうどう》が起きたことがあったけどねえ。「やっぱり、講談社クラスでも身内で継げないいんじゃないかな」って見てる面もあったから、何とか会社を潰《つぶ》さないようにするので、精一杯《せいいっぱい》だったわねえ。

「売れない良書」を出すため「写真雑誌での荒稼《あらかせ》ぎ」が必要？

酒井　ただ、あのころは写真週刊誌が非常に伸《の》びていましたよね？　売上も上がっていたと思います。

野間佐和子　まあ、そうだねえ。

里村　「フライデー」は、二百万部あったのが、今は二十万部台なんですよね。

野間佐和子　「公称《こうしょう》」ね。

里村　ええ。公称で二十万ですから。

野間佐和子　今もエッチ写真だけで食ってる。

酒井　そのころはインターネットの出る前で、日本の景気もよく、娯楽《ごらく》的な社会に入っていったような気がしたのですが。

野間佐和子　いちおう、テレビを縮約したような雑誌だったんだろうね。「活字量を減らして、見るところ、写真みたいなのを増やしたら、字数をたくさん読めない人でも読める」っていうようなところだったんじゃないかなあ？　なんかちょっと……。

酒井　「売上を伸ばす」というところで、もしかしたら、野間佐和子様の焦《あせ》りとかがあったわけですか。

野間佐和子　まあ、特にね、何をして伸ばしてもいいんだけど、ああいう写真雑誌等で大きな売上をつくったために、いわゆる「コツコツとやる出版」っていうかなあ、良質の本とか、単行本とか、文庫本とかを伸ばしていくのはね、なんか、やってる人たちがバカらしくなってくるようなところが文化的にはあったよねえ。そういうところがあったんで。

出版社の使命としては、大きくなったら、採算にかかわらず「良書」と思うものは出し続けていくようなところも必要だからねえ。だから、ある意味で、「そういうところ（写真雑誌）が荒稼《あらかせ》ぎしてくれて、ほかの売れない文庫本とか、書籍《しょせき》のところも埋《う》めてるんだ」ということを、社内では言い訳にしてやってはいたんだけどね。

「読者層に分かりやすくする努力はしたつもり」

酒井　ただ、今日の新聞に、「本の割引ができる」というような記事が出ていましたが、良書があるからこそ、「再販制度《さいはん》」によって定価制が守られていたはずですよね。それについて、出版社やマスコミが否定し始めた感じですか。

野間佐和子　まあ、でも、自慢《じまん》はねえ、「『講談社学術文庫』みたいなのを出すことで、岩波なんかから出たら難しくて分からないような本が、みんな手に取って文庫本で読めるようになった」「うちは分かりやすくて、読みやすいものを売る」ということであったけど。

そのために、「学術的なものとか、思想的なものでも、普及《ふきゅう》できた」っていうところは、いい仕事をやったのかなと、自分では思ってるんですけどねえ。

酒井　岩波と違って、著者も非常にしっかりとした方を選んでいて、かつ分かりやすく、印象がいいです。

●再販制度　商品の生産・供給者が、小売業者等に販売価格を指定することを例外的に認める制度。原則、独占禁止法によって再販売価格の指定は禁止されているが、書籍、雑誌、新聞、音楽用ＣＤ等については、例外的に認められている。

野間佐和子　新書でも、「岩波新書は読みにくくて難しい」っていう意見があがったので、「講談社現代新書は分かりやすく書いてください」ってすごくお願いして、書いてもらってたからね。

そういう意味で、お客様というか、読者層に分かりやすくする努力はしたつもりなんだけどね。

「読者を信者にしてしまう」というのは出版社の理想

酒井　八〇年代ぐらいから、そのあたりのものの考え方が変わってしまったわけですね？

野間佐和子　いや、その文化そのものは続いてるとは思うんだけど。

酒井　社長のなかで？

野間佐和子　続いてるんだろうけど、なんか出版社として価値観っていうかな、「こういう価値観を広めたい」っていうところは……。まあ、やっぱり売れることが価値観になったのかなあ。売れることが価値観になって。「売れる価値観」「売れるものは価値がある」という考え方だったけど。

おたく様も、なんか本は売れるけど、そこに「信仰」みたいなの？　あるいは「宗教」や「神」や、そういうものを持ち込《こ》んできたじゃないですか。まあ、そういうところで、一部、嫉妬《しっと》みたいな感じもあったのかなあ。

おたく様から見れば笑うかもしれないけど。「大きいところが何を言うんですか」って言うかもしれないけど、大勢の人が数多くの本を出してね、そして、仕事して、そんなに増えるわけじゃないけど、数でやってたのを、おたく様は一冊一冊、ベストセラーを出していかれてたしね。

ああいう、「読者を信者にしてしまう」っていうのは、そらあ、出版社から見れば理想だからねえ。

「幸福の科学の書籍《しょせき》を返本するよう、〝兵糧攻《ひょうろうぜ》め〟をやった」

綾織　そうなりますと、それぞれの雑誌が自分たちで取材して、「幸福の科学を叩く」ということを始めたとしても、そのあと、ご自身も、ある程度それを主導したというか、煽《あお》った部分はかなりあったと考えてよいですか。

野間佐和子　まあ、ある意味では、何て言うか、うーん……。「共食《ともぐ》い」と言ってはまずいけども、なんか、本当はうちが目指すべきものを、おたく様が持ってたのかなあ。本当はおたく様を見て、見習わなければいけない面があったのかなあとも思うの。先発してた出版社としては、そういう謙虚《けんきょ》な態度が取れないので、後発で勢いがあるのをちょっと叩いてみたい気持ちがあったのかなあ。

だから、どれが原因か、私は分からないけども、確かに九一年の後半から九二年あたりは、私たちは大手出版で、取次《とりつぎ》店への力はすごくあったから、おたくの本の返本をかけて、一時期、〝兵糧攻《ひょうろうぜ》め〟をやったのは事実です。本はみんな、返本されたはずですけど。

「それでも潰れなかった」っていうのはちょっとねえ……。それで潰れると思ったから、潰れなかったあたりはすごかった。

酒井　あれは明確に、講談社から指示を出していたんですね。

野間佐和子　それは、そうでしょう。

酒井　やはり、公然と出版の……。

野間佐和子　本屋に、「幸福の科学の本を置かせない」っていうことで、圧力をかけましたから。「置くんだったら、講談社の本を出さない」って言えば、それは、どこの書店だって普通は引くわよね。

里村　景山民夫さんの本も、(講談社から出ていたものは)絶版にされましたしね。

野間佐和子　うん、それはね。だから、あのころは、「著者とか、そういうのが出版社に刃向《はむ》かう」なんていうことは考えられない時代だったからね。

酒井　なるほど。

今、大川隆法を見て「真面目《まじめ》な人だねえ」

里村　野間社長は、出版界のリーダーとして、大川隆法総裁をどのようにご覧になっていたのですか。

野間佐和子　今は霊《れい》になったから、まあ、今日はチョロッと来て、チロチロ見ることはできるんだけど……。

いやあ、真面目《まじめ》な人だねえ。酒は飲まないし、夜遊びはしないし、毎日毎日、仕事して、本を書いて、説法《せっぽう》して、ずーっと変わらないね。

だから、「こういう人を、週刊誌でそんなに大きく叩いたっていうことが、よくできたもんだなあ」っていう感じが、ちょっとすることはするねえ。

綾織　かつて、一九九一年ごろは、どのように見られていたのでしょうか。

野間佐和子　とにかく敵は敵だから、敵としてやらざるをえなかったですけれども。裁判とかいっぱい起こしてきたからね、宗教らしくないじゃないですか。たくさん裁判を起こしたりするからさ。それは、おたくのほうが社会から葬《ほうむ》られると思ってたんだけどね。

だけど、出版界が、何かだんだん、私たちの味方をしてくれなくなってきたんだよね。

書店さんは、それなりに強いからね。紀伊國屋《きのくにや》書店さんとか、そういうところが、最初からずっと一貫《いっかん》して、幸福の科学出版の本を「良書だ」と言って、護《まも》っておられて、二十数年は（大川隆法の本を）「ベストセラー」で出しておられるでしょ？

そういう書店の声も、出版社にとっては、やっぱり「世論《せろん》」だからね。そういう本を売るほう、つまり、〝魚屋〟さんが「この魚は、いい魚だ」って言われる場合は、なかなか、やっぱり、〝卸売市場《おろしうりいちば》〟としてはねえ……。

4　なぜ「幸福の科学」は標的になったのか

「うらやましかったのは〝取材費が要《い》らない〟ところ」？

酒井　先ほどおっしゃった「嫉妬《しっと》」という言葉が、私は引っ掛《か》かったのですが、そこですよね。やはり、そのときに、いちばん燃えていた心は。

野間佐和子　嫉妬なのかなあ。まあ、これは代弁かもしらんけれども、私たちは、いろんな著者に頼《たの》みに頼んで、お膳立《ぜんだ》てして、ご飯《はん》を食べさせたり、旅行に連れていったりして、編集者がべったりついて、書いていただく。あるいは、場合によっては、ネタも提供して、書くのも手伝ったりしてまで、本にこぎ着けたりしてる。あと、説得にすごく時間がかかるしね。気分に乗せるのでも大変だし、〝缶詰《かんづ》め〟もあるしね。

それから、あと、そういう取材ものは、やっぱり取材費もかかるしね。一人ひとり聞いて歩いたり、調べたりするのは大変なことだけど、ここ（幸福の科学）は、何にもそんなのしないで、本ができてるみたいな感じがして、すごくうらやましい感じはあった。

綾織　何もしていないわけではないです。

里村　何もしていないどころではないです。

野間佐和子　うん？　だって、ここに霊《れい》が来て、しゃべって、それで本になる。

綾織　いや、その場面はそうですが（苦笑）、その背景には、たくさんやっていることがあります。

野間佐和子　そうなのかねえ。ちょっと、そのへんはうらやましいよね。だから、〝取材費が要《い》らない宗教〟かなと……。あっ、出版社みたいな感じかな。

里村　ああ、そういうふうに思っていたんですね。「小生意気《こなまいき》な感じには見えたのかな」

酒井　幸福の科学の経典《きょうてん》は、出るもの出るもの、本当にすぐ売り切れていましたし、書店でも積み上げに積み上げられていました。

野間佐和子　うん。「ちょっとうらやましい」って、私たちが言っちゃいけないんだけどね、大手出版社なんだからね。昔は利益もよく出てたから、言っちゃいけないんだけど、何か生意気《なまいき》な感じかな。

里村　生意気な？

野間佐和子　うん。小《こ》生意気な感じには見えたのかな。

酒井　やはり、急激に出てきましたからね。当時、急激に、数年の間に一挙に売れ始めて……。

野間佐和子　うん。コーナーまでつくって、「文化」までつくろうとしてる感じでしょ？

酒井　はい。

野間佐和子　だから、生意気に見えたのかな。

夫との比較《ひかく》もあったが、「精神的タフネスさ」がすごかった

野間佐和子　あと、ちょっと、夫との比較《ひかく》もあったのかもしれないな。

里村　ほう。ご主人ですか。

野間佐和子　うん、うん、うん、夫、夫……、夫との比較が、やっぱり、ちょっとあったのかもしれないけどね。

酒井　はあ。どのようにありました？

野間佐和子　う～ん……、夫は優《すぐ》れた知識人だし、文化人でもある方だったからね。だから、「急に、ポッと出《で》でやり始めて」っていうのが、最初、ちょっと「いかがわしいかな」と。マスコミって、疑うのは普通《ふつう》じゃないですか。

それが、だんだんだんだん、潰《つぶ》れないで前進していくのが、やっぱり「すごいなあ」っていう感じかな。精神的タフネスさはすごいね。とにかく、すごかったんで。

「出すかどうか」の判断基準は「売れるかどうか」だった

酒井　もう一つの観点として、宗教に対する「偏見《へんけん》」というのはなかったのでしょうか。

野間佐和子　いや、宗教の本だって、うち（講談社）は本当はたくさん出してるから、別に、宗教そのものを否定する気はないし。

酒井　はい。

里村　なるほど。

野間佐和子　売れれば、宗教だって手を出す気は十分にあったので。それほど、価値判断みたいなのを、うるさくやってたわけではない。

酒井　「宗教が偽物《にせもの》だ」とか、「霊言《れいげん》が偽物だから、これはインチキだ」というような感覚でやられていたわけではないんですか。

野間佐和子　そこまでは思っていなかったな。

酒井　思っていないんですか。

野間佐和子　だから、〝出版ゲーム〟としてね、「急に出てきたものは叩《たた》き落とす」みたいな感じだったんじゃないかねえ。

今で言えば、「『あまちゃん』をやった能年玲奈《のうねんれな》が、一発当てたあと、ゴタゴタを起こしてる」みたいなのは、やっぱり、意地悪に叩いているでしょう？

あんなふうに、「一発当てて出てきた」みたいに見えたような感じだったかな。

酒井　そうですか。

「すごい読書人を敵にして、マスコミの倫理《りんり》に反したのかな」

野間佐和子　今は、「大川さんも、すごい読書人だなあ」ということは分かるし、ここ（幸福の科学　教祖殿《きょうそでん》　大悟館《たいごかん》）の書庫もあるけど、「三省堂《さんせいどう》かいな」と思うぐらい本があるね。

里村　（笑）

野間佐和子　個人で三省堂書店をやってるみたいに思うぐらい、本を持ってるから。

里村　ご覧になったりしていますか？

野間佐和子　いや、ちょっとだけ見たけど、さっき。

里村　（笑）

野間佐和子　それは、私も本の文化を普及《ふきゅう》するために、一生懸命《いっしょうけんめい》やってたからね。そんな読書家っていうのは、出版社が敵にしちゃいけない〝希少種《きしょうしゅ》〟だからね。

酒井　そうですね。講談社の最も上《じょう》得意のお客さんとしても、捉《とら》えることができたわけですよね。

里村　そうです。

野間佐和子　年に万の単位で本を買ってくれる個人読者っていうのは、めったにいるもんじゃないからね。

いや、それは、ちょっとマスコミの倫理《りんり》に反したのかなあ、本当は。

酒井　分かりました。

「他のメディアに教訓を遺《のこ》して、罪を許してもらいたい」

酒井　（スピリチュアル・エキスパートの竹内を指しながら）もし、よろしかったら、いったん、彼に入っていただいて……。

野間佐和子　あの人、大丈夫《だいじょうぶ》？

酒井　（苦笑）入りたくないですか？

野間佐和子　何か、がらんどうみたいに、がらん、がらん。

酒井　がらんどう（苦笑）。そう思われるのであれば、そのままでいいですよ。語りたいことを語れないのであれば。

野間佐和子　もう危なそうな感じ。

酒井　危ない？

野間佐和子　うん。ちょっと危ないな。

酒井　では、やめておきましょうか。

野間佐和子　いちおう、インテリ文化の世界の話をしているから、ちょっと心配な……。

酒井　分かりました。では、もし大川総裁のお話を、多少でも聴《き》きたいときが来たら、お話しください。

野間佐和子　だから、メディア文化論なんでしょう？　それは、やっぱり大事だよね。いや、他のメディアに対して、何か「教訓」を遺《のこ》して、それで、私、何か「罪」があるらしいから、その罪を許してもらおうと思っているんで。

酒井　はい。分かりました。

「出版社の理想を地《じ》でやっている」ところに嫉妬《しっと》した

酒井　では、幾《いく》つか、先に挙げていただいた論点について、もう少し具体的に入っていきたいと思います。

綾織　先ほど、「信仰《しんこう》の部分は、それほど否定しているわけではない」ということだったのですけれども。

野間佐和子　うん。だけど、(幸福の科学が) 読者を信者に変えるところには、やっぱり、出版社としては少し嫉妬《しっと》したかなとは思います。

綾織　ああ、嫉妬ですか。

野間佐和子　だから、〝信者〟を持ってたら楽だよね。「〝信者〟に、無理に本を買わせる」っていうのは、どこもやってることだとは思うけど。売れない本でも買わせるのが宗教だよね、普通は。

ところが、ここ(幸福の科学)はベストセラーを出して、買わせてる。「買ってる人が信者になる」っていう、これは出版社の理想だよね。読者がついてきて、〝信者〟になってきて、ファンができる。「赤川《あかがわ》(次郎《じろう》)ファンができる」みたいな、あるいは、「村上春樹《むらかみはるき》ファンができる」みたいな感じで、「〝信者〟化して、出せば必ず、その人の本を買う」っていうような、〝信者〟化した読者をつくるのは、出版社のいちばんの目標だからね。それを地《じ》でやってるような感じかな。

「幸福の科学の本を講談社から出さなかった」ことを悔《く》やむ

酒井　「(幸福の科学の本を) 講談社で出したかった」ということですか。

野間佐和子　いや、それは考えもしたんだけどね。

酒井　ああ、考えはしたんですか。

野間佐和子　いや、出してもよかった。あとが、あんなになるなら……。

酒井　角川《かどかわ》書店では出しました。

野間佐和子　あとが、あんなになるんなら、出してもよかったかもしれないねえ。あとが、あんなになるなら。どう見ても、損得勘定《かんじょう》で見て、出して赤字になるわけもないし、利益は出るけど、そんな、戦わなくて済むんだったら。

あの労力から見たら……。うち（講談社）だって、訴訟《そしょう》もやって、評判をずいぶん下げたからね。あとで盛り返すのが大変だったから。あれを見れば、出してもよかったかもしれないね（苦笑）。二、三冊も出しとけば、喧嘩《けんか》はしないで済んだかもしれないねえ。

週刊誌は「幸福の科学の映画製作」をどう見ていたのか

里村　今、「嫉妬」、あるいは、「講談社から本を出してもよかった」というお言葉がありましたけれども、そのときに、ほかの宗教団体からの影響《えいきょう》や、何かそういうものはなかったんですか。

野間佐和子　いや、ほかのも出してはいたからね。うちも、ちょっとは出していたから、あれだけど。

でも、もし言葉が過ぎたら許してもらいたいんだけど、大手の出版社から見れば、（大川隆法は）若かったし、新進だったからね。言葉が過ぎたら許してもらいたいけど、ちょっと小生意気に見えたのは事実だよね。

だから、大家《たいか》になってからなら、ともかく分かるけどね。出てきたばっかりなのに、そんな、ベストセラー作家を気取ってるように見えたところに反発したのかなとは思うけどね。

里村　テレビCM等も、一九九一年の春ぐらいから流れたりしました。

野間佐和子　映画もつくったりしたよね。

里村　ええ、その後。

野間佐和子　うちも映画がつくれなくて困ってたからね。ああいう映画もつくっちゃったりして。講談社もつくろうとしたけど、最初失敗して、責任者が自殺しちゃったりしたでしょう。

里村　ああ……。

野間佐和子　「活字文化」と「映像文化」は違《ちが》うのよね。だから、出版社で映画をつくったのは、まあ、角川はつくったし、学研《がっけん》もちょっとつくったし、あとは……。

里村　徳間《とくま》書店ですね。

野間佐和子　もう徳間ぐらいかな。ちょっとやったけど。みんな、やっぱり映画は博《ばく》打《ち》なのでね。お金がすごくかかるから、一冊ずつ、数十万円か、百万円ぐらいの小さな利益を目指して本を出してるところが、ああいう映画とかをやると狂《くる》うのね。経営が狂っちゃうんで。角川だって危機になったでしょ？　カルチャーがちょっと違うんでね。

だから、なんか、おたくも、「ノストラダムス（戦慄《せんりつ》の啓示《けいじ》）」（製作総指揮・大川隆法。一九九四年公開）とか、あんなのね。もう、「製作費十七億」とか、広告を打ってたよね。
あんなの、本を一冊一冊出してるほうから見たら、すごい博打に見えるからね。ちょっと、すごくいい格好してるように見えるから。「そういう金は、どこから巻き上げているのかな」というような感じは、週刊誌のほうは、たぶん思ったんだろうねえ。

里村　なるほど。

「出版社に本を書いている人たち」を嫉妬《しっと》させた面もある

酒井　野間佐和子様は、そこは、どう思われていたのですか。

野間佐和子　うーん、私は本来、うちを敵にしなければ、それほど、どうとは思わなかったかもしれないけど、何かのタブーに触《ふ》れたんだろうとは思う。

里村　タブー？

野間佐和子　うん。何かのタブーだろうね。

だから、「出版社を嫉妬《しっと》させた」という言い方もあるけども、出版社に本を書いている人たちを嫉妬させた面もあるのかなと思う。ほかの売れない作家たちが、幸福の科学のあれを見て、「(自分の本を)もうちょっと売れるんじゃないか」とか、「宣伝しろ」とか、いろいろ言うからね。「映画ぐらいにしろ」とか、いろいろ言うじゃないですか。そのあたりを抑《おさ》えるのが難しいからね。

酒井　それが全部、のしかかってきたわけですか。

野間佐和子　うーん。講談社で出したってさ、作家として有名でも、初版は七千部ぐらいしか刷らないもんですよね。なかなか、一万部刷ってくれるのは信用が要りますけどね。

だから、そういう人たちは、大川隆法の「初版七十万部」なんていう広告を見たらね、やっぱり、みんな怒《いか》り狂い始める。

酒井　では、そういう声は、直接届いていたんですね。

野間佐和子　それは来るよ。

里村　はあ……。

野間佐和子　だから、「ああいう、〝ずるい商売〟をやってるところがあるのに、わしのは、こんだけしか刷らんのか」っていうような声は、やっぱり来るからねえ。

「幸福の科学の裏事情」に、多様な人が疑いや妬《ねた》みを持っていた

酒井　おそらく、当時は、出版業界、出版会社をまとめるような役割も担《にな》っていらっしゃいましたよね。

野間佐和子　あとで、幻冬舎《げんとうしゃ》みたいなところは、ちょっと派手《はで》にやったり、博打《ばくち》っぽいやり方もしたし、その幻冬舎のもとは角川のほうから出てるしね。角川も、ちょっと〝博打〟を打つところだったけど、やっぱり、経営は潰れかけたじゃないですか。映画「天《てん》と地《ち》と」（一九九〇年公開）かなんかをつくってね。

酒井　はい、そうですね。

野間佐和子　あんなカナダでロケしてね。公称《こうしょう》五十億円の製作費でカナダ人を使って、「武田《たけだ》軍の戦い」をやらせて、なんか大赤字をつくってね。

酒井　出しましたね。

野間佐和子　社長が追い出されてるよね。だから、ああいうもんだよね。あれは、それでも、角川だったら、出版文化はずいぶんいっぱいあってのことだからね。本はいっぱい出してて、あれですから。

だから、いやあ、幸福の科学の裏事情がどんなふうに出来上がってるのか、それは、やっぱり、いろんな人が、「興味・関心」といえば中立だけど、「疑い」や「妬《ねた》み」を持ってたところはあるわねえ……。

お金のために、宗教が信仰心《しんこうしん》をうまく使っているように見えた

里村　今、社長のおっしゃった観点というのは、一九九一年の講談社の、「フライデー」や「週刊現代」の記事のコンセプトが、まさにそうでした。お金の問題、つまり、ビジネスとして見て、裏事情を探《さぐ》るような……。

野間佐和子　いや、すみませんねえ。うちは、倫理的なものがあんまり強くなくて。

里村　いえ、いえ。

野間佐和子　要するに、「売れる」ということは、「お金」になるということだからね。「お金になる」っていうこと、それがメインコンセプトだからね。そこのところ

で、宗教が信仰心《しんこうしん》をうまく使ってるように見えたところが、ちょっとね……。

だから、こっちも、講談社へのロイヤリティー（忠誠心）っていうのかな、〝信仰心〟みたいなものを読者に持たせたかったのは、そうだよね。

さっき言った、渡部昇一《わたなべしょういち》さんは、自分の子供時代のころの講談社はほめてくれるけど、今の講談社はほめてくれないんで（苦笑）。「子供時代は講談社文化で育った」っていうようなことを言うのはロイヤリティーでしょ？　そういう〝信仰心〟があったんでしょうけどね。

そういうふうに、（渡部さんは）「『面白《おもしろ》いと思ったら講談社で、面白くないと思ったら、ほかの出版社だった』みたいなことが、子供でも分かった」というようなことを言ってるけど、これは一種の〝信仰心〟に近いもんだよね、ロイヤリティーっていっても。

そういうものが、ちょっと何か当たったのかな。ぶつかったのかなとは思うけどね。

5　野間氏は大川隆法をどう見ているのか

自分について「出版文化をつくった功績はある」

綾織　「信仰《しんこう》は否定していない」ということだったのですけれども、まさに、「信仰に対する見方の問題」だと思うんですね。

先ほども、「大川総裁が小生意気《こなまいき》に見えた」とおっしゃっていましたし、今日、大《たい》悟館《ごかん》にいらっしゃったときも、「大川総裁が爪《つめ》の手入れをしている」というように、どちらかというと、かたちの上でのことをおっしゃっていました。

やはり、実際、霊的《れいてき》にご覧になったときには、もっと違《ちが》うものが視《み》えてもおかしくないのかなと思うんですね。

ですから、「どうしても地上的に見てしまって、信仰の部分が十分に理解できないのかな」という感じはしました。

野間佐和子　まあ、そうなのかとは思うけど、「大手のトップ出版社の社長を、奥《おく》さんがピンチヒッターでやって、ある程度、二十年余り率《ひき》いてこられた」ってことは、この世的には、女性の時代の先駆《さきが》けでもあるし、ほめられるようなことでもあるからね。

だから、この世的には、「偉《えら》い人だ」と言われるけどね。

まあ、それは、「ギラギラ、指輪をいっぱいした」とか、そんなようなことは、うちも思われてはいたとは思うけどねえ（苦笑）。もう指輪とか、そんなものはいっぱい着けてたけど、それはお金があったからね。

そういう個人的な嫉妬《しっと》は、もしかしたらあったかもしらんけれども、それよりも、やっぱり、「出版文化として大きいものをつくった」っていう功績はあると思うんだけど。

「電子書籍《しょせき》の普及《ふきゅう》で、紙の文化が遺《のこ》るのかどうか」を心配する

野間佐和子　でも、この出版文化が、今は、コンピュータ文化が普及《ふきゅう》して、激しい攻《こう》勢《せい》にさらされているからね。私も、これは、もうどうしたらいいかが分からない時代

に入ったんで、亡《な》くなってよかったとは思っているんだけどね。もう分からない。紙の文化が遺《のこ》るのかどうかは分からない。もう分からない、「迷い」のなかにあるんでねえ。

里村　今は、もう講談社の新社長も、そうした電子出版や国際出版部門をつくったり、社内の編集体制をガラッと変えたり、さまざまな取り組みをされているところでございます。

野間佐和子　だけど、大丈夫《だいじょうぶ》なのかねえ。出版社が、今世紀、存在できるのかどうか、やっぱり心配ではあるねえ。もしかしたら、過去のものになるのかなあ……。

酒井　ただ、この紙の文化、紙の書籍《しょせき》の重要性は、大川総裁も、ずっと唱えていらっしゃいますので。

野間佐和子　だから、（幸福の科学は）新しいもの好きにも見えるんだけど、意外に古いんだよね。新しいもの好きに見える。幸福の科学っていったら、新しいもの好きで、いろいろと新しいことをしたがるように見えるんだけど、意外に古いんですよね。

酒井　古いかどうかは別としても、「本当に知的生活を送るためには、電子書籍の文化に移って、行きすぎてはいけない」という……。

野間佐和子　それは、ライフスタイルの問題でしょうけどね。

だから、テレビが流行《はや》ったときも、そう言われたしね。「テレビばかり観《み》てたら、バカになる」「一億総白痴化《はくち》」って言われた。ラジオのときも、そう言われたよね。

だから、みんなそうなんだろうけどね。確かにねえ、横断歩道を渡《わた》りながら、携《けい》帯《たい》（電話）とか、スマホとかで調べたりしてるのを見てて、あれを「賢《かしこ》い」と見るか、「何かに中毒になってる」と見るか、微妙《びみょう》なところではあるよね。

あるいは、「現代の二宮尊徳《にのみやそんとく》」なのか。例えば、（携帯電話を耳に当てるしぐさをして）話しながら自転車に乗ったりとか、見ながら横断歩道を渡ってるとか、それが「二宮尊徳の現代版」と見えるかどうかっていうのは、難しいわねえ。

個人で千九百冊も本を出した大川隆法は「桁外《けたはず》れの化《ば》け物」

里村　ですから、形式やハードの部分というのは、活字であったり、電子書籍であったり、いろいろとあるんですけれども、やはり、問題は、あるいは、いちばん大事なのは、「コンテンツ（中身）、ソフトの部分がいい」ということだと思うんです。

そういう意味で、「大川総裁の書籍がずっとベストセラーを続けている」ということの背景には、「読者を信者化した」という外からの見方もありますが、やはり、「中身のよさ」という部分がコア（核《かく》）の部分として根底にあると思うんですね。

やはり、出版文化をしっかり見ずに、「単にビジネスモデルを何とかすれば生き残れる」というのは、少し違うんじゃないかと私は思うんですけれども。

野間佐和子　ああ、でも、「個人で千九百冊、本を出した」とか、何とか言ってるんでしょう？（二〇一五年六月時点）

里村　はい。

野間佐和子　ちょっと化《ば》け物だね。桁外《けたはず》れだね。うーん……。これは、ちょっと、どこの出版社もないもんね。これを聞いたら悩《なや》んじゃうね。

出版界は競争が激しいからね。それは、そんなに簡単に生き延びられる世界ではないから。ものすごいベストセラーを何百万部も出したかと思ったら、もう二、三作で消える世界なんですよ。

それほど、運が巡《めぐ》ってきて当たることもあるけど、消える世界でもある。やっと今、何百万部も売れたかと思って、「お金持ちになった」と見える人が、あっという間に食べていけなくなる世界だし、あっという間に飽《あ》きられて、捨てられる世界なんですよね。

幸福の科学出版とは、書店の棚《たな》の取り合いだった

酒井　大川総裁の千九百冊の書籍を、ビジネスの面だけから捉《とら》えてしまうと、何かを間違えていくと思うんですよ。

野間佐和子　だけど、信仰だけだったらね、そんなに出さなくてもいいじゃない。

酒井　いや、先ほど言ったコンテンツ（中身）というのは、お釈迦《しゃか》様だってそうですよね？　ビジネスだけだったら、八万四千《しせん》の法門《ほうもん》など、そんなの必要ないということになりますよ。信仰だけでもないと言うのなら。

野間佐和子　うーん、だから、おたくの経典《きょうてん》だけあれば……、内部経典があれば、それで済むでしょう？　『正心法語《しょうしんほうご》』（幸福の科学の根本経典。信者限定）一冊で、信者を増やせる。

酒井　「一冊で、すべてが万能《ばんのう》だ」と言ったら、これはもう、ほとんど……。

野間佐和子　そうしたら、出版社とは、まったくバッティングしないよ。

里村　いや、「同じ時代に、教えをどれだけ世界に広げていくか」という宗教の使命感があるんです。

野間佐和子　うーん、そうかなあ。でも……。

里村　まさに、かつてご主人が社長時代に、「売れれば文化はついてくる」というお言葉を言われましたが……。

野間佐和子　うん、おたくもそれをやってるんじゃないの？　〝売れれば信者がついてくる〟。

里村　いや、違います。

酒井　先ほど言った、コンテンツ、中身なんですよ。

里村　大川総裁や、われわれの思いは、救済なんですよ。売れれば利益が上がるということにあるのではなくて、「救済」にポイントがあるんです。

それが「出版」というかたちをとったりしますけれども、すべて、救済というところに行くんですよ。

どうも、九一年当時、あるいは、野間社長の在任中に、そのあたりをご理解いただけなかったのではないかと思います。

野間佐和子　でもねえ、出版社同士となると、書店の棚《たな》の取り合いになりますからね。だから、あなたがたみたいに無名だったものが、堂々と大手書店の棚を取っていく、平積《ひらづ》みを取っていくっていう、あのへんね。現場の営業たちは、それでぶつかってるからね。やっぱり、「何とかして、裏側にこれを回したい」っていう気持ちは持ってたわねえ。

「幸福の科学への批判は、グッと我慢《がまん》して書かずにいる」

酒井　しかし、あれだけの書店の面積のなかで、講談社の占《し》める割合は、もうはるかに、桁違いのシェアを取っていたはずですから、当会を嫉妬するにしては、書店面積はちょっと……。

野間佐和子　でも、それはねえ、うちの仕事は、もう蟻《あり》さんの仕事みたいなもんで。蟻さんみたいに、みんな、砂糖粒《つぶ》を一個一個運んでる、そういう仕事だからねえ。
おたく様みたいな、何か、人工的にベストセラーがつくり続けられるシステムをつくるっていうのが、なかなか分からないんでねえ。

酒井　いや、そこが、やっぱり、「お金」という観点から、書籍文化を見ているんじゃないかと思うんです。

野間佐和子　まあ、お金だけで言えば、うちのほうが売上が大きいとは思いますけどね。それは、そうは思うけど、うーん……、スマート爆弾《ばくだん》みたいな感じの、よく狙《ねら》ったところに落として、効率よく当ててるような感じにも見えてたわねえ。

里村　先ほどから、「効率よく」とか、「うまいビジネスにした」とか、どうしても、やや売上至上主義というか……。

酒井　「経営者の目」ですか。

野間佐和子　それはそうかな。

酒井　経営者の目があって、かなりプレッシャーがかかったのでしょうかね。

野間佐和子　でも、出版文化自体はいいことなはずだから。私はいいことをしたのに、成仏《じょうぶつ》できないって、おかしい。

酒井　ただ、あのときに、競争すべきものを潰《つぶ》そうとしたのは事実ですよね？

野間佐和子　うん、まあ、それは、ちょっとはね。

酒井　ですから、「潰すべきものは、いったい何だったのか」ということになると思うんですよ。そういった写真週刊誌とか、「週刊現代」のヘアヌードとか、ああいうものを生かして、なぜ、「うまく効率的にやっているから」という理由だけで、当会を潰さなければいけなかったのですか。

野間佐和子　まあ、講談社だって、おたく様の批判を書きたいときもあるけど、ここ数年は、グッと我慢して、ずっと書かずにいますからね。「もう、やらない」っていうことで、何回か我慢《がまん》しているので。

まあ、出版人っていうか、ジャーナリスティックに批判するネタとしては、すぐに目につくことはあるからねえ。

幸福の科学の本が売れても、ほかの宗教の本は売れない

酒井　今、この瞬間《しゅんかん》、幸福の科学の書籍の出版に関して、どう思われていますか。

野間佐和子　いやあ、よく息が切れないねえ。やっぱり、不思議な感じはするね。

酒井　そこに対して、何か嫉妬心とか、まだ残っていますか。

野間佐和子　まあ、嫉妬というか、私は自分が本を書いて、売ってるわけじゃないから、一緒《いっしょ》じゃない。

だから、(大川隆法は)作家的立場なんだろうと思うけど、経営者的立場のようでもあるし、映画もやったり、講演会もやったり、ちょっと異質なんですよね。

綾織　お伺《うかが》いしていても、大川総裁を、作家や経営者、映画をつくる人、講演会をする人ということで、見え方としては、宗教の部分が出てこないところが……。

野間佐和子　あと、時事問題について意見を言ったりしてるから、ニュースキャスターみたいなところもあるじゃないですか。

綾織　もちろん、それも言っているのですが、本質のところは宗教家ですので、そこの価値というのが分からなかったのが、いちばん大きいですよね？

野間佐和子　まあ、本にすれば、みんな平等だからね。本にすれば平等っていう……、出版価値はね、そういうところはあるから。

里村　いやいや、出版価値は違います。

野間佐和子　売れれば、それは価値があるっていう……。

里村　確かに、「いいものが売れる」ことはありますが、同時に、「いいものはいい」という……。

野間佐和子　だから、宗教でも、売れれば、それは価値があるけど、あなたがたが売れたからといって、ほかの宗教ものを出しても売れやしないのよ。これが矛盾《むじゅん》しているので。

ほかの宗教ものを出したら「連れ売れ」して、みんな売れていくんなら、それは構わないんだよ。これは牽引車《けんいんしゃ》で引っ張ってくれてるんだからいいんだけど、売れやしない。

6　幸福の科学は「複雑怪奇《かいき》な存在」

結婚《けっこん》しない人が増えたのは、ヘアヌード写真集のせい？

里村　いや、野間社長は、少し勘違《かんちが》いをされているかと思うのですが、千九百冊の書《しょ》籍《せき》に象徴《しょうちょう》される、大川隆法総裁のクリエイティビティ、クリエイティブのところは、お金儲《かねもう》けだとか、ビジネスではなくて、「救いたい」という愛の思いから発しているんですよ。

野間佐和子　いや、それはこっちも一緒《いっしょ》だから。「人々を、ちょっとでも啓発《けいはつ》したい」という思いで、本をたくさん出してるわけですから、まあ、似たようなもんじゃないですか。

里村　でも、そういうなかに、もちろん、いい本もございますが、いろいろな雑誌文化もあったと思います。

野間佐和子　いいじゃないですか。

それは、私はヘアヌードとか、反対でしたけどね、個人的には。

ただ、ああいうヘアヌード写真集が公然と売られて、みんなが見れるようになって、結婚《けっこん》しない人がいっぱい増えてるじゃないですか、都市部に。

だから、「見せてくれないから、結婚せざるをえなかった」のが、「自由に見れるようになると、結婚しなくてもいい自由が増えた」じゃないですか。

酒井　そうすると、それは人口減少の原因になっているじゃないですか。

野間佐和子　まあ、それはそうでは……（苦笑）。その現象は、こちらにも堪《こた》えるのは一緒なんだ。本を買う人がいなくなるから、一緒なんですけど。

ヘアヌード写真集を出し始めた裏事情

酒井　だから、そういう雑誌が「売れれば正しい」ということにはならないですよね。

野間佐和子　だから、「一般《いっぱん》の目」を、あんたがたが言うからさ。「人目に触《ふ》れるようなニュースと一緒に、そういうものを入れるのが、いかがわしい」と言って批判するから、経費はかかるのに、ちゃんと〝袋《ふくろ》とじ〟にしてるでしょう。

里村　いや、それは経費がかかるというよりも（苦笑）、「より、売らんかな」のための作戦ですよね。

野間佐和子　いや、そんなことないわよ。子供が手に取っても全部は見えないように、大人がいちばんいいところを見れるように、家に持って帰って、破《やぶ》って見れるようにしてるんだから。

里村　いや、ですから、一九九〇年代の前半に、確かにヘアヌードの写真集が出始めました。しかし、成人向け雑誌ではなく、メジャーな週刊誌に、それをいち早く取り入れたのが、講談社さんであったのは事実です。

野間佐和子　いや、それはねえ、九〇年に入ってから、バブル崩壊《ほうかい》っていうのがあってね、景気が、全部後退したでしょ？　だから、出版界も、すっごい危機が来たわけよ。

あのときに、本当は文春《ぶんしゅん》や新潮《しんちょう》等までねえ、みんなこのヘアヌードに手を出しかかった……、まあ、出してたわね。あんたらが反対運動を起こしたら、やつらは引っ込《こ》んだ。おかげで経営は苦しくなったから、今、仕返しされてるんだろうと思うけど。

里村　いやいや（苦笑）。

野間佐和子　だから、やめなかったところもあるけど、あれで一息《ひといき》ついてたんでねえ。

幸福の科学には「敵」も「味方」も現れた

野間佐和子　でも、ヘアヌードを出してても、あんたがたの味方みたいなところもあるからねえ。

里村　どういう意味ですか？

野間佐和子　不思議なことに、あの「プレイボーイ」みたいなところが、なんか味方してたしね。「週刊ポスト」なんかも、どっちかといえば味方なんじゃないの？

里村　うーん。

野間佐和子　いいほうに、いつも出てくるようにはしてたような感じがするからさあ。全部敵っていうわけじゃなくて。

だから、意外に新潮や文春なんかも、（幸福の科学と）思想的には近いんだろうけど。うちにはイデオロギーがないんだけど、ああいうところはイデオロギーを持っていて、イデオロギー的には近いのに、近親憎悪《ぞうお》みたいな感じで、自分らの代わりをされるのが嫌《いや》で、叩《たた》きたくなるような感じかなあ。

まあ、マスコミにも違いがちょっとあるのよねえ。

だから、「俗悪物《ぞくあくもの》を叩く」っていうのならば、朝日新聞だって応援《おうえん》してたはずだよ。おたくが反対運動……、講談社攻撃《こうげき》を始めたときには、朝日新聞が応援してたものね。

講談社攻撃を始めちゃったから。まさしく、朝日も講談社の金儲け路線を叩きたくて叩きたくてしょうがなかったので、そのいかがわしいところの、「盗作《とうさく》だ」、「剽窃《ひょうせつ》だ」、その他、いっぱい取り出してきた。「講談社の金儲け路線」みたいなのを、朝日に叩かれたのは覚えてるよ。「朝日が明確に幸福の科学の味方になった」と、私らはそういうふうに思ってた。

里村　なるほど。

野間佐和子　だけど、その朝日とも、言論、思想的にというか、イデオロギー的にも対立してるんだろう？　だから、おたくは非常に分かりにくいのよ、すごくね。非常に複雑怪奇《かいき》なのよ。

里村　当会としては、一本筋《すじ》を通しているだけなんですよ。

野間佐和子　そうなんですかねえ。

里村　ええ。「人類の幸福のため」というところで、筋を通しているだけです。

野間佐和子　私たちはあんまり幸福にならなかったんですけどね。

「表現・出版の自由の枠《わく》を広げるのがメディアの仕事」

里村　ということは、野間社長は今の段階で、ヘアヌード路線とかは、しかたがなかったと思っていらっしゃるし、幸福の科学に対する嫉妬《しっと》みたいな感情も、当会がタブーに触れたからだと思っているわけですか。

つまり、「原因は幸福の科学にあって、自分のほうには間違いがない」というふうに考えていらっしゃるのですか。

野間佐和子　いやねえ、「表現・出版の自由」っていうのが憲法にあるでしょう？　これに乗っかって、マスコミっていうのは成り立ってるわけで、「マスコミ権力」というのが憲法で認められてるわけじゃないんですよ。

里村　はい。

野間佐和子　「表現の自由」「言論の自由」「出版の自由」が守られてるんで、いっぱいいっぱいまで、この枠《わく》を広げるのがメディアの仕事なのでねえ。

酒井　ただし、虚偽《きょぎ》はいけないですよね。

野間佐和子　いや、虚偽ではないです。ヘアヌードなんかは虚偽じゃなくて、〝真実〟

でしょ？

里村　幸福の科学攻撃の記事は捏造《ねつぞう》です。

野間佐和子　うーん、捏造っていうか、まあ、ちょっと大げさだったことは……。

酒井　いやいや、虚偽が入っていましたからね。

野間佐和子　大げさなのは認める。大げさすぎたのは認めるけど。

酒井　いや、そこにまで言論の自由を認めていいのかということです。

野間佐和子　なんか、叩く相手は〝巨人《きょじん》〟でないといけないのよ。「進撃の巨人」みたいに、あのくらい大きいと攻撃しても構わない。

里村　『進撃の巨人』は御社《おんしゃ》のマンガですけどね（笑）。宣伝が入りますね。

野間佐和子　宣伝……（ペロッと舌を出し、苦笑）。いや、私にはお金が入らないから、関係ないんだけど。

まあ、あれだけ大きけりゃ、人間が攻撃したって、別に構わないんだ。

「この世的な常識から見れば、私は頑張《がんば》った」

酒井　ただ、今日の論点としては、野間社長が、「今、自分は成仏《じょうぶつ》できていないんじゃないか」と……。

野間佐和子　うん。だから、「成仏の秘訣《ひけつ》」を教わりに来てるのよ。

酒井　そこを一緒に考えるんですよね。

野間佐和子　何が違ったのか……。

だから、私は、この世的な常識から見れば、頑張《がんば》ったのよ。

綾織　まさに、「この世的な常識」のところですよね。

里村　そこが間違いなのではないでしょうか。

野間佐和子　だから、（間違いが）あるとすれば、「幸福の科学とぶつかった部分」のところが……。マスコミ人として、ちょっと異例なぐらい、長期にわたってぶつかってきたので、これが、いったいどう作用したのか。これを知りたくて来た。

里村　「ぶつかったことが」というよりも、「ぶつかるに至った心の部分」なんですよ。

野間佐和子　講談社文化は、渡部昇一《わたなべしょういち》先生だって、ほめ称《たた》えてくださっているし、渡部昇一先生のことは、大川隆法さんも、「立派な先生だ。ご尊敬申し上げている」と明確に言っておられる。珍《めずら》しく、明確に言っておられる方であって、それでいくと、価値観は一致《いっち》しているはずなのに、なぜ、講談社と幸福の科学が、ぶつからなきゃいけないのかは、私も分からないのよ。

綾織　まさに、「この世的ではない部分の見方が、できていない」というところですよね。

里村　今日の、ここまでのお話のなかでも、野間社長のなかには、初代の野間清治《せいじ》さんの崇高《すうこう》な精神が、しっかりと入っていたと思うんですよ。

野間佐和子　崇高な……。うーん。

里村　それは、「いいものを出すことで、国民を啓発《けいはつ》して、日本をよくしていこう」という部分です。

ただ、一九八〇年代、フライデーの創刊が八四年ですから、まさに、バブル開始と同じぐらいに、「売れなければ、意味がない」というところが入ってきたわけです。

そのときに、宗教とのぶつかりも出てきました。

野間佐和子　うーん。

里村　つまり、「ぶつかったから悪い」というのも、もちろんありますが、ぶつかるに至るときの心や思いなんですよ。

実は、「成仏」を考えたときに、いちばん簡単なのは、「自分の責任じゃない」と思っているところがあるかどうかなんです。

公開されなかった「講談社初代社長・野間清治《せいじ》氏の霊言《れいげん》」

野間佐和子　うーん。だけど、あんたがたも、必ずしもフェアなわけではなくて。昔だけどねえ、講談社の初代社長の、「野間清治《せいじ》の霊言《れいげん》」を録《と》ったのよ。

里村　はい。

野間佐和子　あなたがたは知らないだろうけど。たぶん、知らないけど。あれは、聞いた話では、えっとですねえ、野間清治の（霊言）を録ったのは……。いや、フライデー事件が起こってからあと、反撃をやるようにということで、反撃に使おうとして、いちおう、初代の霊言を録ったのよね、確かね。

里村　はい。

野間佐和子　そのときは、ちょうど、あなたがたが、新潮社の「フォーカス」なんかに（大川隆法の）自宅を襲《おそ》われて、そして、出口が一カ所しかないから、張り込まれると出られなくなるんで、逃《に》げて、マンションに何カ月か隠《かく》れてたことがあったときだったと思うんですけど。

初代のを録ってみたら、けっこう天使のような内容になってしまって、「これを出したら、講談社の宣伝になってしまう」というんで、ボツにしたみたいなことがあるから、決して、フェアでない……。

綾織　いえいえ。それは、「フェア」とかではなくて（苦笑）。事実はそのとおりだと思うのですけれども。
例えば、あの世の世界で、野間清治さんから何かお話はないですか。

野間佐和子　野間清治は、そのときに、講談社を弁護する意見を言っていたからね。「文化をつくったことは大事なんだ」と弁護してたからね。

里村　はあ。

野間佐和子　それが出てれば、ちょっと、あれだったんだけど、ボツにしてるから。幸福の科学出版から出さないで、ボツになってるから。あなたがたは知らないと思うけど……。

幸福の科学は講談社の出版物すべてを否定してはいない

酒井　ただ、大川総裁の意見としては、一貫《いっかん》して、良書に関しては、講談社の出版物を否定しているわけではないですからね。

野間佐和子　うーん。それは、まあ、感じますけどねえ。講談社現代新書とか、講談社学術文庫とかは、やっぱり、学生さんたちが読むには、すごく分かりやすいからね。勉強の初めに、すごく勧《すす》めたい、いい本だと思ってくださっているようには思うんですよ。

酒井　いい本だと思いますよ。

野間佐和子　だから、岩波とかの難しいようなものに対しては、ちょっと厳しめの意見を持っておられるようには思うんですけどねえ。

酒井　そこは、たぶん、是々非々《ぜぜひひ》なんだと思うのです。

野間佐和子　うん。

「講談社をまねしている」という幸福の科学に対する認識

酒井　しかし、これは、やはり、「野間社長の問題として捉《とら》えたときに、どう考えるべきか」なんですよね。

野間佐和子　うーん。だから、幸福の科学が出版するときに……、っていうか、（綾織を指して）あんたなんかが来ていないときの「ザ・リバティ」の前身《ぜんしん》を出すときのイメージは、講談社のまねで、「売れれば文化がついてくる」や、その「ザ・リバティ」じゃないけど、やっぱり、「読みやすくて、切れのある文を書いて、よく売れるものを出せ」というふうに言ってたと聞いて……。

酒井　「売れないものを出せ」と言う人は、どこにもいないと思いますけど。

野間佐和子　うん。だから、講談社のまねみたいなことをしようとしていたようには見えるんですよね。

綾織　うーん。

野間佐和子　弟子《でし》の仕事は一緒だからね。そんなに変わらない。

野間佐和子氏から見た「大川隆法の姿」

里村　「講談社のまね」ということはないですけれども、ただ、野間清治元社長のお言葉にもあったように、「面白《おもしろ》くて、ためになる」というところは、すごく大事かと思うのです。

野間佐和子　うん。そう、そう、そう、そう。まったく一緒《いっしょ》なんだ……。まったく一緒なんだ。

「面白くて、ためになるもの」を目指して……。本だって、そうなんじゃないの？　おたくは、面白くて、ためになるものを……。

里村　ただ、その「ためになる」というところが、「何のためになるか」というところですね。つまり、野間社長には、「魂《たましい》の成長のためになる」という部分がやや足りないのでは？

野間佐和子　まあ、それがねえ、渡部昇一先生とかが講談社文化をほめてくださって、そして、その価値観を大川隆法さんが認めていながら、対立になるという理由が……。

うーん、だから、渡部昇一先生のなかに、大川隆法さんも同質のものを見ておられるんだろうけど、「同質のようで、同質でないもの」があるんだろうなとは思うんですよね。何か違うものがあるらしい。

里村　はい。

野間佐和子　ある意味では、何て言うか、出版の方針から見れば、講談社と似たような路線を取ってるように見えて、朝日・岩波文化的に見れば批判するような、「売らんかな」に見えるような主義を取っておりながら、イデオロギー的にというか、思想的にっていうか、ジャーナリスティック的には、けっこう朝日・岩波や、あるいは、文春なんかが取りがちの、高踏的《こうとう》っていうかねえ。知識人、インテリが、世相《せそう》を見て批判するようなものも持っていて、ここが違うところなんだろうね。

里村　ええ。

野間佐和子　渡部昇一先生は、「講談社のは読みやすくてよかった」「自分は、そんなに難しいものは読めなかった」と言うけど、たぶん、大川隆法さんは、難しいものでも読めたし、易《やさ》しいものも読めて、両方読めていたということなのかなあとは思うんだけど。

だから、あれでしょう？　朝日文化人や岩波文化人だって、（幸福の科学を）まともに批判できないのは、（大川隆法が）インテリだからでしょう。たぶん、インテリだからだと思うんだけどね。このへん、複雑なのよ。

7 野間氏は「新潮《しんちょう》」と「文春《ぶんしゅん》」をどう見ているのか

講談社初代社長・野間清治氏は「見舞《みま》いには来てくれた」

綾織 お亡《な》くなりになってからは、初代社長の野間清治《せいじ》さんとはお話ができていない状態ですか。

野間佐和子 うーん……。見舞《みま》いには来てくれましたけどねえ。

里村 ああ! 来られましたか。

野間佐和子 見舞いには来てくれたけど、「時間がかかるね」という言い方を……。

綾織 時間がかかる?

野間佐和子　「ちょっと時間がかかるね」っていう言い方を……。

里村　ああ、〝退院〟までに？

野間佐和子　うーん、時間……。

綾織　何か、アドバイス的なものはありましたか。

野間佐和子　うーん、それは、まあ、「野間の名前を継《つ》いで、社長を引き受けて、会社がまだ潰《つぶ》れずにあるっていうことは、ありがたいことではあるけれども、ちょっと時間がかかるね」という言い方をされるんで、これは、どういうことなのかなあ……。

酒井　なぜかが分からない？

野間佐和子　うーん。

「新潮社《しんちょうしゃ》は、幸福の科学の信仰《しんこう》を愚弄《ぐろう》している」

酒井　そうしますと、最初の大川総裁のお話のなかで、「『新潮《しんちょう》、文春《ぶんしゅん》に申し送りをしたい』と言っている」というお話もありましたけれども、ここのなかにも、もう一つ、ご自分を振《ふ》り返るヒントがあるのではないでしょうか。

野間佐和子　ああ、なるほど。

酒井　これは、何が「問題」なのかと。

野間佐和子　だから、新潮社とかは、やはり……。本当は、あっちが悪いのよ。ね？　あっちが先に手を出してるからね。

里村　はい。

野間佐和子　あんたたちに、最初に喧嘩《けんか》を売った〝チンピラ役〟は、新潮社ですよね。

酒井　喧嘩を売ったかどうかというところもあるのですが、そのなかの何が悪かったのか、どういう表現、どういう考え方が悪かったと思いますか。

野間佐和子　まあ、あそこは、ちょっと信仰《しんこう》を愚弄《ぐろう》してるんじゃないの？

酒井　信仰を愚弄している？

野間佐和子　うーん、信仰を愚弄している。うちは、信仰を愚弄したわけじゃないんだよ。信仰を愚弄したことはない。

酒井　そこは違《ちが》うのですね？

野間佐和子　そうじゃないんだけど、何か、おたくの広報なのかな？　どうか知らないけど、そこが、講談社の名前を軽く扱《あつか》ったっていうか、取材とかをやっても、木で鼻をくくるような対応をされたり、うっちゃられたりして、怒《おこ》ったりしたのは、ちょっとあったみたいなんで。

「フライデー」だって、最初はちゃんと仁義《じんぎ》を切って、わざわざ飛行機に乗って九州まで行って、正式に「取材させてください」って申し入れまでしたのに、「『フライデー』ごときが、取材するような雑誌ではない」みたいな感じで門前払《もんぜんばら》いを食ったりして、腹が立ったらしいということはあるんですけどねえ。

まあ、それで、ちょっと「フライデー戦争」みたいになったのかもしれないですね。

里村　いや、でも、それには、少々誤解がございますよ。あの当時は、「事前に、総合本部のほうに取材を申し込《こ》んでください」というかたちでやっていましたし、事前に申し込みがあったものには、きちんと取材に応じていましたから。

野間佐和子　……かな。でも、「応じる力」がなかったんじゃないですか。当時は、

「拒否《きょひ》、拒否」だったから。

里村　現地での対応というのは分かりませんけれども。

野間佐和子　うーん、まあ……。だから、「無断で撮《と》ったやつは載《の》せられて、正式に申し込んだところは断る」みたいな感じだったからねえ。

里村　いや、取材は、きちんと紀尾井町《きおいちょう》（当時の総合本部所在地）のほうで受けていました。

「新潮《しんちょう》や文春《ぶんしゅん》は底意地悪いが、講談社は〝かわいげ〟がある」？

里村　今、酒井のほうからあった、「新潮とか文春に申し送りたい」というように……。

野間佐和子　まあ、本来、〝焼き打ち〟を受けるのは新潮社なんだから、いまだに商売ができてるということには感謝すべきだと思うんですよ。

里村　（笑）

野間佐和子　私たちは、代わりに〝被弾《ひだん》〟したんだから。〝集中爆撃《ばくげき》〟を受けたのは私たちで、新潮の分まで受けたからね。

これは、そうだし、講談社は、彼らみたいな〝人でなし〟じゃないから。新潮とか文春とかは、あらぬことも、あることも、もう一緒《いっしょ》に、ぐしゃぐしゃに書いて、ねえ？　すでに宗教として確立している幸福の科学を、さらに混乱に落としてねえ？　前の奥《おく》さん（の記事）とかねえ？　ああいうのは、人をバカにした扱いだよね。あれは、すっごい意地悪いと思うんですよ。

里村　はい。

野間佐和子　前の奥さんの意見を尊重して、「表現・言論の自由」風に載せたように見せながらやったら、両方（夫婦《ふうふ》）が破滅《はめつ》するだろうということを知っててやっているから、すっごい底《そこ》意地悪いんですよ。

里村　うーん。

野間佐和子　もう本当に、向こうの味方をしたくて、やりたいのだったら分かるけど、本当はそうでなくて、「両方が破滅する」と思いながら、あれをやってるから、すっごい意地悪いんで。

私たちは、あそこまで意地悪くやってないんですよ。あそこまではやらなかったねえ。私たちは、悪口を言っても、もうちょっと〝かわいげ〟があるんですよ。

里村　いや（苦笑）。

野間佐和子　彼らには、〝かわいげ〟が全然ないんですよ。本当に「悪魔《あくま》」みたいなんですよね。

里村　いやあ……。まあ、彼らが悪魔みたいだというのは否定しませんけれども（笑）。

野間佐和子　うん、そうでしょう？

里村　九一年当時において、講談社に〝かわいげ〟があったと言えるかというと、はっきり言って、もう……。

野間佐和子　私たちは、売れないものはつくらないから、「売れる」という意味では、〝かわいげ〟があるんですよ、必ず。

里村　いや、売れるために、嘘《うそ》をでっち上げましたた

『「週刊新潮」に巣くう悪魔の研究』（幸福の科学出版）

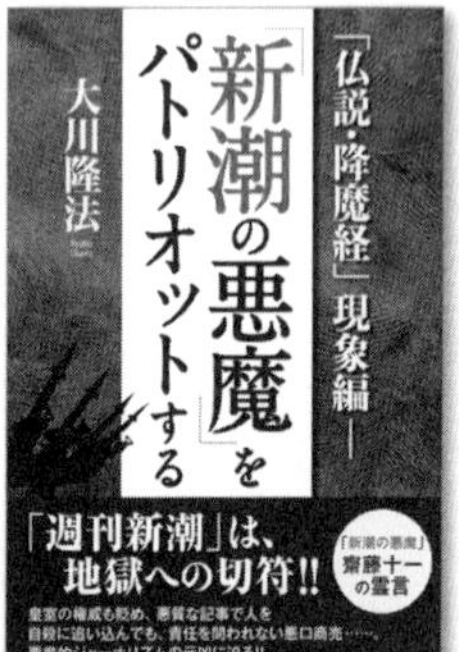

『「仏説・降魔経」現象編――「新潮の悪魔」をパトリオットする』（幸福の科学出版）

よね。

野間佐和子　あくどいものだったら、こっちが嫌《きら》われるから、売れないんですよ。あくどくないんですよ。「フォーカス」はあくどいですよ。あの当時は、汚《きたな》いものを、いっぱい……。「フライデー」はかわいいんですよ。

「フライデー事件」当時には「メドゥーサ」が動いていたのか

酒井　ただ、当時、メドゥーサという悪魔が、周りで動いていませんでした？（『宗教選択《せんたく》の時代』（幸福の科学出版刊）参照）

野間佐和子　いや、それは、私への〝尊称《そんしょう》〟で付けてくださったことでしょうから。

酒井　尊称……。

『宗教選択の時代』
（幸福の科学出版）

綾織　ご自身が、そういう存在なのですか。

野間佐和子　いや、だから、「メドゥーサ」なんていうのは、文学的表現ですよ。私は、そんなギリシャの女神《めがみ》であるなんて自惚《うぬぼ》れてませんから。

里村　いや、でも、当時は……。

野間佐和子　私を見ただけで石になるなんて、そんなこと、とんでもない。そんな巨《きょ》大《だい》権力があるわけないいじゃないですか。

里村　ただ、今、責めるわけではございませんけれども、当時、「フライデー」の編集部のほうに、社長から陣中《じんちゅう》見舞《みま》いを送ったとか……。

野間佐和子　うーん、やっぱり、知ってたか。もう世代が変わってるから、分からないだろうと思ったんだが。

里村　はい。こっちはまだ変わっていないので（笑）。

野間佐和子　ああ、変わってないの。でも、あなたは年を取った……。

里村　当時はまだ若かったので。

講談社の幸福の科学攻撃《こうげき》は「マスコミ倫理《りんり》」に反していないのか

酒井　そうであれば、当会の教えのなかには、「反省」というものがありますから。

野間佐和子　いや、すごく反省してるから、今日、来ている……。

酒井　いちばん心に痛いと思っていらっしゃるところは、どこですか。

野間佐和子　うーん。やっぱり、文春、新潮は許せませんね。やっぱりね。せっかく、宗教をやって、ねえ？　夫婦二人三脚《ふうふににんさんきゃく》で、二十年以上やってきたのを破壊《はかい》して、別れさせるようなことを、無理やりやった。あれは、マスコミ倫理《りんり》に反してるから、ああいうような社長は、〝縛《しば》り首〟にしても構わないと思うんですよ。私は、そういうことはしない。

酒井　うーん、なるほど。そうすると、「講談社は、マスコミ倫理には反していなかった」ということになりますね。

野間佐和子　いや、私らがやったことで言えば、「取次《とりつぎ》や書店に圧力をかけて（幸福の科学が発刊している書籍《しょせき》を）返本させた」とかいう意味では、一年ぐらいダメージを受けてるとは思うんですけど。それは、ちょっとあったかな。

酒井　いやあ、講談社からすれば、もう本当に、幸福の科学を潰すぐらいまでやったはずなんですけどね。

里村 ほとんど全媒体《ばいたい》を使って、やりましたね。

酒井 かなり厳しかったです。

野間佐和子 うん、まあ、それは、だから、「勝てる相手ではないことを分かってもらえばいい」と思ったんですけどねえ。

酒井 いや、明確に潰そうとしてしまったわけですよね?

野間佐和子 いや、私たちから見れば、(幸福の科学出版は) 出版社としては、もう、つくったばっかりのホヤホヤでしたからね……。

酒井 宗教団体についても、潰そうとしていたわけですよね?

野間佐和子 いや、潰そうと思ってたっていうか……。いや、もっともっと、〝進撃《しんげき》の巨人〟になってくれて、快進撃をしてくれて、いっぱい、私たちの書く材料になってくれれば、それはありがたいなあという気持ちはあったと思う……。

酒井　あったんですか。

野間佐和子　いや、大きくなってもらいたかったんじゃないですかねえ。

里村　そういう言い方は、恩着《おんき》せがましい言い方ですので（苦笑）。

8　野間氏は今、大川隆法に何を訊《き》きたいのか

「新潮《しんちょう》や文春《ぶんしゅん》の社長と相《あい》部屋にされると思うとゾッとする」

酒井　いや、別に、今日は、あなたを批判したり、裁こうとしたりしているのではなくて、何が問題かを一緒《いっしょ》に見つけて、今、「地獄《じごく》かどうか分からない」と思われているところから抜《ぬ》け出せるようにしたいのです。

野間佐和子　うん、（今いる霊界《れいかい》の場所から）抜け出したいんですけど、理由がよく分からないんで。「もしかしたら、新潮《しんちょう》の社長や、文春《ぶんしゅん》の社長とも〝相《あい》部屋〟にされるのかな」と思うと、本当、ゾッとするから……。〝相部屋〟で入れられることもあるじゃないですかねえ。

里村　いや、ただ、「宗教そのものは否定しない」というところは違《ちが》いますよね？

野間佐和子　否定はしてませんよ。私はね、否定はしてません。うちの横には、ちゃんとお寺もあるんですから。ちゃーんと。

里村　そうですね。大きなお寺が。

野間佐和子　はい。お寺もありますからねえ。

スピリチュアル・エキスパートに移ることを嫌《いや》がる野間佐和子氏

酒井　大川総裁と話をしてみませんか。

野間佐和子　えっ、ええ？　うーん、（スピリチュアル・エキスパートの竹内を指して）私、あの人のなかに入るの？

酒井　はい。

野間佐和子　何か、ものすごく語彙《ごい》が少なくなるような気がする……。

酒井　語彙は少ないですが、大川総裁に訊《き》きたいことを質問いただいて……。

野間佐和子　大丈夫《だいじょうぶ》かなあ？　（竹内に）あんた、ハイハイしてた？

竹内　いや、当時、小学生でした。

野間佐和子　小学生？

竹内　（苦笑）あっ、でも、ニュースは観《み》ていました。

野間佐和子　マンガは読んでた？

竹内　いや、野間さんのニュースは観ています。

酒井　自信があるようです。

野間佐和子　大丈夫？

酒井　はい。ちょっと、一度ぐらいお願いします。

野間佐和子　何となく、入りたくない気分がするんだけども……。

竹内・酒井　（笑）

野間佐和子　何か、〝格落ち〟したら嫌《いや》だな。

酒井　いや、そんなことはないですよ。

野間佐和子　うーん？　「普通《ふつう》のチャネラー（スピリチュアル・エキスパート）」に入ったら、格落ちになるのと違うの？　「新潮の悪魔《あくま》」ぐらいにしてもらいたいな、そういうのは。

酒井　いや、ただ、今日は、本当に、「抜け出したい」という本人のご希望を……。

里村　そう。悪魔になりたくないですもんね。

野間佐和子　うん。あっ、まだまだ、悪魔にはなってないと思いますよ。悪魔じゃないと思うんですよ。だけど、天使じゃないし、天国に入っていないのは分かるんですよ。

酒井　「抜け出したい」というご希望があるので、その原因を解決しなければ、今回、話していても、結局は平行線ですから。

野間佐和子　ふーん。まあ、何か怪《あや》しそうだけどねえ……。（竹内に）嘘《うそ》つくんじゃないわよ、あんた。

竹内　はい。

野間佐和子　大丈夫？　嘘で、講談社の懺悔《ざんげ》をいっぱいされたら困るのよ。心配だなあ……。なんか、「講談社が悪うございました」とか言いそうな気がして、嫌だなあ……。

酒井　（笑）それは、あなたが言わなければ大丈夫です。

野間佐和子　ええ？　いや、言わされるかもしれない……。

酒井　いや、本音だったら、それは、ちょっと言ってもらったほうがいいですよ。

野間佐和子　うーん。この人は言いそうな感じがするから。何か心配だなあ……。うーん、いやあ……、（竹内を指して）単純なんだよお、あなた、ちょっと。単純なのよ。単純でしょ？

竹内　私は、（野間氏の考えを）そのまま出しますから。

野間佐和子　善悪そのものも、なんか、単純に分けちゃうでしょう？

竹内　いえいえ、分けないですよ。

野間佐和子　（大川隆法を指して）こっちの人は「複雑系」なのよ。そんな単純ではない。あんたはすごい「単純」だから、これが怖《こわ》いのよね。出版文化だって、そんなに単純じゃないからね？

（竹内を指して）絶対、この人は単純ですよ。それで、（酒井を指して）あんたらに叱《しか》られて、きっと、涙《なみだ》を流すんだ。

酒井　いや、叱らないです。

野間佐和子　嫌だ嫌だ。

里村　これが、成仏《じょうぶつ》のチャンス、新たなきっかけになります。

野間佐和子　この人に入ったら悪霊《あくれい》という証明になるんでしょ？

酒井　いや、ならないです、ならないです。以前には、ローラの守護霊《しゅごれい》も入っていますから（『ローラの秘密』〔幸福の科学出版刊〕参照）。

野間佐和子　ハッ（胸を押《お》さえながら、うなだれる）。

『ローラの秘密』
（幸福の科学出版）

まあ、ローラのほうが、私よりはかわいいですよね。
それは分かります。

竹内　松本清張《まつもとせいちょう》さんとかも入ったことがあるので（『地獄の条件――松本清張・霊界《れいかい》の深層海流』〈幸福の科学出版刊〉参照）。

「意地悪は駄目《だめ》」と念を押《お》しながら移動を了承《りょうしょう》する

野間佐和子　ばあさんですからね。優《やさ》しく、優しく、介護《かいご》するような気持ちを持ってくれないと、入れないいんですよねえ。

竹内　はい。

野間佐和子　意地悪は駄目《だめ》ですよ？

『地獄の条件―松本清張・霊界の深層海流』
（幸福の科学出版）

竹内　はい。

野間佐和子　いいですか。

竹内　はい。

野間佐和子　講談社は潰《つぶ》れないいんですからね。まだ続くんですからね。いいですね？

竹内　はい。

野間佐和子　（竹内を指しながら、酒井に向かって）それに反することを言ったら、嘘をついて、（チャネラーが）自分で言ってることになるからね？　いいですね？

酒井　はい。

野間佐和子　年寄り……、敬老の日をイメージしてください。今日は、敬老の日だと思って、イメージしてください。

竹内　分かりました。はい（笑）。

野間佐和子　そしたら、頑張《がんば》って入りますから。

竹内　（息を吐《は》く）

野間佐和子　敬老の日には、年寄りは大事にしなければいけない。おばあちゃんは大事にしてあげなきゃいけないと思ってくださいね。はい。

（手を二回強く叩《たた》く）

自分に対する〝仕打ち〟に不満な様子の野間佐和子氏

大川隆法　はい、どうぞ、そちらへ。入れました。

（ここで、スピリチュアル・エキスパートの竹内に野間佐和子霊が移動する）

里村　はい。今、「成仏したいんだ」という気持ちはおありなわけですね。

野間佐和子　うーん、うーん……。あんまり気分がよくないねえ。

酒井　何か、大川総裁に質問したいことはありませんか。

野間佐和子　ありますよ、それは。それはあります。うん。それはあります。

酒井　まあ、あまりたくさんするわけにもいきませんので、もし、一つだけ選ぶとしたら、何になりますか。

野間佐和子　いや、なんで、私がこういう仕打《しう》ちに遭《あ》ってるのかを解明してほしいですね。

里村　仕打ち？

野間佐和子　うーん。私《わたくし》は、経営者として、やるべきことをやっただけでして、決して、理《り》に反するようなことはやっておりませんのでね。マスコミ倫理《りんり》に関しては、ちゃんと倫理を守りました。なのに、なぜ、このような仕打ちになっているのかを、総裁に訊《き》きたい。

大川隆法　私は、あなたが死んだのは知っていましたけれども、別に、それ以外の何かをしようと思ったことはなくて、ただ「亡《な》くなったのだな」と思っていました。

野間佐和子　うーん。
いや、死んだときだって、なぜ、私の霊言《れいげん》をやらなかったんですか。

大川隆法　来なかったじゃないですか。

野間佐和子　いやあ、てっきり、やるもんだと思ってました。

大川隆法　こちらから呼んだりは、めったにしないので。

野間佐和子　だって、これだけやってるんだから、てっきり、やるもんだと思ってましたけどね。

大川隆法　講談社さんとは、いちおう和解している状態になっていましたし、お互《たが》いに、もう戦わない感じになっていたので、あえて、もう一回やる必要はないでしょう。

野間佐和子　うーん。

里村　社内も大変なときですし、しかも、あなたが亡くなったのは東日本大震災《だいしんさい》の直後ですから。

野間佐和子　そうですよ。大変なときですねえ。

大川隆法　私は、もともと講談社を憎《にく》んでもいないし。

野間佐和子　それは分かってます。それは分かってる。

大川隆法　「罪を憎んで、人は憎まず」で、講談社の文化にも、いいところがあるのは認めていましたから、別に、潰そうとは思っていなかったし、和解できた状態だったので、「もう言う必要はない」と思って、黙《だま》っていただけです。

野間佐和子　おかしいんですよ。いや、だから、「人を憎まず」だったら、もう少し、私の扱《あつか》いがよくてもいいいと思うんですけど。

大川隆法　いや、私は、何にもしていないのであって、何か扱ったわけではありません。

酒井　そうです。総裁は何もしていません（苦笑）。

以前の霊査《れいさ》に見る、講談社の方針変更《へんこう》の岐路《きろ》

酒井　今、あなたがいる世界は、あなたがつくっている、「心の世界」なんですよ。

野間佐和子　いや、というよりは、総裁たちがつくった世界に、今、はまってる感じもしないわけではない……。

酒井　はまっているのではなくて、あなたが、ご自身で、その世界に入ってしまっているんです。だから、自分の心や考え方を変えればいいんです。

野間佐和子　いえいえ。私は、今、こういうような状況《じょうきょう》になっていることを、自分から望んではいないんです。

酒井　そうでしょうね。

野間佐和子　ええ。望んではおりませんので、これは、おそらく、幸福の科学との十年間の抗争《こうそう》のなかに、何らかのものがあったと推定されますが……。

酒井　そこで、あなたの良心が、「心を変えないといけない」と思っているのではないですか。

さらに、野間清治《せいじ》さんも、「時間がかかる」と言ったのは、あなたの心の状況を見て……。

野間佐和子　だから、初代の清治さんが、なぜ、「時間がかかる」って言ったのかも、分からないんですよ。

酒井　うーん。

大川隆法　確かに、以前に調べたときには、初代は立派なところにいました。ただ、あなたの夫だった方、惟道《これみち》さんは、まあ、急死なされていたのでね。それで、調べたときは、いいところにはいらっしゃらなかったように思います。

野間佐和子　うーん。

大川隆法　あなたは、その路線を引き継《つ》いでおられるか何か、そのあたりで、間違いは始まっていたのかなとは思うのですけれどもね。

「利益を追求しただけなのに、何が悪かったのか分からない」

野間佐和子　うーん……。まあ、先ほど、総裁もおっしゃってましたけど、「マスコミの考え方が拝金《はいきん》主義的になった」っていうのは、情報としては、分かるんですけども。そんなことを言ったら、あらゆる企業《きぎょう》は、みんな、それで動いてるじゃないですか。

酒井　そうなる人たちもいますけれどもね。

野間佐和子　いえいえ。だから、今……、まあ、「天上界《てんじょうかい》」って言うんですか、あなたがたの言葉では。ちゃんと、そういった幸せな世界に還《かえ》ってる経営者も、たくさんいるらしいじゃないですか。

酒井　つまり、「そこに、何があるか」ですよね。お金というものは、しょせん……。

野間佐和子　うーん、経営を成り立たせるためにやったことなのに、なぜか、私だけ、拝金主義、金儲《かねもう》け主義のようなかたちで、まるで、〝バアル信仰《しんこう》〟のような扱いをされて、なぜか、今、私は怪しげな世界に……。

酒井　要するに、講談社であれば、お金は講談社文化を広めるための原資《げんし》であって、別に、お金が目的ではないですよね？

野間佐和子　お金がないと、企業の経営は成り立たないでしょ？

酒井　そうですけれども。

ただ、野間清治さんから流れてきている講談社の文化を、現代人に、どういうかたちでさらに分かりやすく普及《ふきゅう》させていくかという……。

野間佐和子　初代の考えを伝えるためにも、原資になるものが必要ですよねえ？

酒井　しかし、初代の考えのなかには、ヘアヌードや、写真週刊誌で人のプライバシーをどんどん暴《あば》いていくような、そんな考えがあったのか、というところでしょう。

野間佐和子　いや、だから、それは、別に、私たちだけがやったわけではなくて……。

大川隆法　まあ、株式会社は利益の追求をしているけれども、株式会社の社長がみんな地獄へ行くわけではありませんからね。

野間佐和子　そうなんです。だから、利益を追求して、何が悪かったのかが分からないですねえ。

当時、普通《ふつう》であれば潰《つぶ》れるほどの圧力をかけられた幸福の科学

里村　ただ、やはり、どこかで、手段のところの「正当性」が測られるときが来るんですよ。

野間佐和子　いや、正当性は……、まあ、講談社っていうのは、ちゃんとした理念を持ってますからねえ。

里村　理念はいいんです。それは結構だと思います。ただ、「手段」の部分なんですよね。

野間佐和子　うん？

里村　まだ気がつかれていないようですが、「侵《おか》してはならない尊いものを侵してしまった。傷つけてしまった」という部分があったのではないかということです。

野間佐和子　うーん、それは……、私たちも、そうとう傷ついたんですよ。そこを言うんであれば、講談社も、そうとう傷つきましたのでね。だから、イーブンでいいじゃないですか。

酒井　ただ、あのときに、幸福の科学も傷ついたんですよ。

野間佐和子　いや、分かってますよ。おたく様も私たちも傷つきましたので。

大川隆法　こちらは、教団の立ち上がり期の弱いところを襲《おそ》ってこられましたからね。

野間佐和子　でも、「弱いところ」っておっしゃいますけど、テレビで、あれだけバンバンバンバンやっておられたじゃないですか。

大川隆法　銀行にまで圧力をかけてきて。

野間佐和子　そうですよ。あらゆる、広告だって、電通《でんつう》だって……、ああ、あんまり言っちゃ〝あれ〟ですけどねえ。

里村　そうですね。

野間佐和子　ええ。全部、停止させました。

酒井　それでも幸福の科学がなくならなかったのは、総裁の力であって、本当に奇跡《きせき》なんですよ。

野間佐和子　うーん。

酒井　普通《ふつう》だったら、潰《つぶ》れています。

里村　消えていますよ。

野間佐和子　だから、そこは、ちょっと、読み違えたところはあったんですけれども……。

酒井　ただ、それくらいまで攻め込んでしまったというのは、事実じゃないですか。

野間佐和子　うーん。

「講談社のおかげで教団が拡張した」？

大川隆法　（一九九一年に）当会が注目されたので、ついでに、翌年《よくとし》は、統一協会が出てきて、それから、オウムが焦《あせ》って飛び出して、福永法源《ふくながほうげん》のところの、法《ほう》の華三法《はなさんぽう》行《ぎょう》も出てきて……というように、宗教が、みな飛び出してき始めて、社会的に問題視されて、〝抹殺《まっさつ》〟されたところも、はっきり出てきましたよね。

野間佐和子　うーん、そうですね。

大川隆法　オウムの事件があって、宗教法人法改正までされて、宗教界に逆風が吹《ふ》いたなか、まだ当会は生き延びています。

滅《ほろ》びたところは滅びていって、あるいは、新宗教でも、先発のところが、少し弱ってきて小さくなってきています。このあたりのところが不可解に見えるかもしれませんね。

野間佐和子　だって、講談社は、あれ以降、どんどん収益が落ちていって、二〇〇二年かには、もう赤字に転落したじゃないですか。

里村　ええ。

野間佐和子　一方、幸福の科学は、どんどん拡張していって、事業も多角化してるらしいじゃないですか。

酒井　ただ、それには、出版不況もありますよね?

野間佐和子　うーん。そう考えたら、私たちのほうが、被害《ひがい》は甚大《じんだい》なんですよ。

綾織　いやいや。

野間佐和子　先ほど、私が、総裁に（霊として）入ってるときに言いましたけど、講談社のおかげで、「フライデー」のおかげで信仰心が強まって、教団が拡張したじゃないですか。感謝されてもいいんじゃないかと思うんですけど。

本物の信仰《しんこう》とビジネスを混同している野間佐和子氏

綾織　先ほど、「お互い傷ついた」というお話がありましたけれども、会社として傷ついたものと、信仰《しんこう》団体として、信仰者として傷ついたものを同じように並べているところに間違いがありますよね。

野間佐和子　でも、講談社にも〝信仰〟はありますからね。

綾織　いえいえ。やはり、それは、違うものですよ。

野間佐和子　いや、傷つけられた〝講談社信者〟というのがいますから。

綾織　本物の信仰と、単なるビジネスとしての、そういうものとは違いますよ。

野間佐和子　うーん。

酒井「新潮、文春は、信仰を愚弄《ぐろう》している」とありましたけれども、当時の「フライデー」も信仰を愚弄していたのは事実なんですよ。

野間佐和子　私たちは、そこまで、えげつない手は使ってませんので。

酒井　いやいや。そうは言っても、かなりやっていましたよ。

野間佐和子　うーん。

里村　警告ではないですけれども、前兆《ぜんちょう》としては、その前に、いわゆる、「フライデー」襲撃《しゅうげき》事件（ビートたけし事件）というものもありました（注。一九八六年十二月、ビートたけしと、たけし軍団ら十二名が写真週刊誌「フライデー」編集部を襲撃した事件）。

野間佐和子　ああ、はい、はい、はい。いや、あれも、そうとう心労はあった。

里村　つまり、人の心を踏《ふ》みにじる……。まあ、芸人さんが相手ではありますけれども。やはり、当時は、少し行きすぎたところがあったのではないですか。

野間佐和子　うーん。

「出版社の常識が、あの時代の正義だった」と語る野間佐和子氏

酒井　個人の心を踏みにじるだけではなく、こちらは信仰の対象ですよ。それを虚偽《きょぎ》の情報を流して傷つけたんですよ。

野間佐和子　でも、あの雑誌の文化はね、決して私だけで始めたわけじゃないので……。

酒井　ただ、ほかの人も、そういう目に遭《あ》うだろうということは分かるでしょう？

野間佐和子　うん。

酒井　新潮も文春も、いずれは、あなたと同じような道を……。

野間佐和子　夫も、けっこうやってましたしね。

里村　ご主人が、そのときに「フライデー」の路線を始めたわけです。

野間佐和子　講談社では、そうですよ。

それで、私は、それを継いだわけですから、この路線を変えるわけにはいかないじゃないですか。ねえ？

酒井　しかし、考え方を変えなければ、あなたのように苦しむ、あるいは、あなた以上に苦しむ方が、もっともっと出てくる可能性がありますよね、今後も。

野間佐和子　ですから、あの時代においては、あれが正義ではあったのでね。あなたがたが来て変わったのかもしれませんけれどもねえ。

酒井　それは、「出版社の常識」です。「正義」かどうかは分かりませんが、出版社の常識ではあったかもしれません。

野間佐和子　うーん。

酒井　要するに、今日、あなたがここに来たのは、「今いる世界から抜け出したいんだ」ということですよね？

野間佐和子　そうなんですよ。だから……。

酒井　それを共に考えたいんですよ。あなたのことを裁きたくはないんです。講談社とは、すでに〝和解〟もしていますし。

野間佐和子　うーん。その〝からくり〟が分からないんですよね。

9 「フライデー事件」はマスコミ改革の「潮目《しおめ》」だった

「フライデー事件」をきっかけに変わった週刊誌に対する風潮

大川隆法　あなたがたも支持はされていると思いますよ。「ザ・リバティ」を「週刊現代」と同じだけ売ろうと思っても、なかなか売れないですからね。

野間佐和子　うーん……。

大川隆法　つまり、部数を伸ばすという意味では、おたくのほうが上だと思うけれども、「部数を伸ばしていることが、本当に国民の利益になっているかどうか」という問題です（苦笑）。内容がね。

野間佐和子　うーん。

大川隆法　私たちとあなたがぶつかったのは、一つの潮目《しおめ》だったと思うんですよ。戦後、今まで、言論、出版、表現の自由等は、不可侵《ふかしん》の状態というか、「とにかく、これはいいことなのだ。これは、ガラスの城のようなものだ。壊《こわ》そうと思えば、すぐ壊れてしまう。だから、権力は手を出してはいけないのだ」という感じだったのが、（講談社に対する）当会の批判が出てから、裁判所までが、講談社に対してすごく厳しくなってきました。要するに、出版文化に対する一定の懐疑《かいぎ》というか、疑いが出てきたわけです。

野間佐和子　うーん。

大川隆法　マスコミは、いまだに、政治も翻弄《ほんろう》してはいますけれども、価値観のぶつかりがあったことは事実なのではないでしょうか。

野間佐和子　おたく様が出るまでね、そういう、マスコミに反論してくるっていう文化はなかったじゃないですか。

里村　なかったです。

野間佐和子　あれ以降ね、急に風潮が変わってきましたよねえ。

里村　そうなんです。宗教もそうだし、政治もそうだし。

酒井　これは、戦後体制とも関係していると思うんですよ。

野間佐和子　うーん。だから、私たちは、ある意味で、マスコミの模範《もはん》になったことはなったんですよ。

大川隆法　しかし、当会とのこと以降、講談社は裁判所などにも立ち入り禁止になったりして、ちょっとありえないようなことも起きてきましたからね（注。「フライデー」〔一九九八年五月二十九日号〕が、法廷での松本智津夫《まつもとちづお》被告（オウム事件）を隠《かく》し撮《ど》りした写真を掲載《けいさい》したことにより、同年六月五日、東京地方裁判所は講談社に対して、「同地裁構内での写真取材と、特別傍聴《ぼうちょう》席で代表取材することを認めない」とする措置《そち》を取ると発表した）。

野間佐和子　おたく様だって、講談社に立ち入ってきたじゃないですか。ねえ？

酒井　それは、抗議《こうぎ》です。

野間佐和子　いや、「立ち入り」じゃないですか。

里村　いやいや。抗議で、ですよ。別に、そちらもオープンにしていたので、入っていっただけです。

野間佐和子　うーん。まあ、そうですけど。

絶対に勝ち目がない個人を攻撃《こうげき》する理由はあるのか

酒井　戦後、「無条件で、言論・出版の自由はよいものだ」というような流れが、まあ、ある種、GHQ的な価値観が入って、どんどんどんどん肥大化していったのだとは思いますけれどもね。

野間佐和子　うーん。

大川隆法　要するに、日本の権力を弱くするために、言論・出版の自由を大きく取って、権力批判をさせていましたね。

日本の権力を弱くするために、それらを育てたんだと思うけれども、それでは〝獲物《えもの》〟が足りなくて、個人まで攻撃《こうげき》し始めたわけです。

しかし、「個人に対する言論・出版の自由」は、ないんですよ。日本国憲法が予想しているのは、「公権力に対する自由」であって。まあ、それには当然、暴《あば》かなければいけない部分はありますけれどもね。

野間佐和子　いやいや。

大川隆法　個人を捕《つか》まえたって、多数決でいって、絶対、勝ち目はないんですから。何十万、何百万という部数を持っているようなメディアから個人攻撃をされても、個人には、それに言い返す力がありませんからね。

野間佐和子　うーん。

大川隆法　個人ではあったけれども、当会は、立ち上がり期だったとはいえ、組織があったから。だから、あなたがたは、初めて組織的な反撃を受けたわけですよ。

野間佐和子　でも、そこを言わせると、そもそもマスコミの本分《ほんぶん》、報道倫理《りんり》が壊れてしまうからねえ。

酒井　報道の倫理？

野間佐和子　うん。

大川隆法　実際には、倫理などないんじゃないですか？

野間佐和子　いやあ、ありますよ。

大川隆法　実際は、そういう倫理はないんじゃないですかね（苦笑）。

野間佐和子　「個人攻撃は憲法違反《いはん》だ」なんて言われちゃったら、もう、われわれ……。

大川隆法　いや、憲法違反ですよ。通常、道徳の範囲内ですよ。

野間佐和子　いや、もちろん言論の自由の範囲内ですよ。

日本は、匿名《とくめい》権力になっている週刊誌を社会として認めたのか

酒井　ただ、マスコミの編集者、つまり、記事を書いている人たちは、個人情報を隠していますす。どこにも出さないですよ。

野間佐和子　それは、もちろんそうでしょう。

酒井　自分たちは、完全防御《ぼうぎょ》ですよね。

野間佐和子　特権がありますからね。

酒井　はっきり言って、編集長などは、吊《つ》るし上げてもいいぐらいですが、彼らは、個人情報をまったく出しませんからね。

野間佐和子　それは、もちろん取材源は隠しますよ。

里村　野間社長の考え方としては、やはり、今も、表現の自由、言論の自由は最上のものだと？

野間佐和子　うん、うん。強いですよ。出版の自由だって。

酒井　いや、要するに、あなたがたは、「匿名《とくめい》の権力」になっているんですよ。

野間佐和子　うん。日本が、社会として、それを認めたんですから。

里村　「認めた」と思っていらっしゃるわけですね？

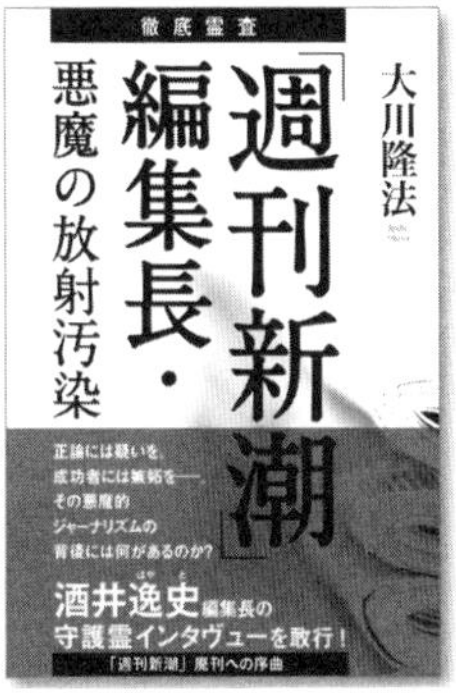

『徹底霊査「週刊新潮」編集長・悪魔の放射汚染』
（幸福の科学出版）

『「週刊文春」とベルゼベフの熱すぎる関係』
（幸福の科学出版）

野間佐和子　戦後、社会として認めたんです。

里村　一切《いっさい》のタブーはないと?

野間佐和子　まあ、一切のタブーがないとまでは言いませんけど。

大川隆法　映画の「るろうに剣心《けんしん》」ではないけれども、一九九一年ごろの写真週刊誌は、辻斬《つじぎ》りのような感じには見えましたね。

野間佐和子　ああ。

大川隆法　辻斬りのように、とにかく斬っていて。主人公の緋村剣心《ひむらけんしん》が、「人を斬ることで、本当に新しい時代が来るんでしょうか」と言っているような感じで、「とにかく斬れ」という。「敵側の人を斬れたら、新時代が来るといって、斬って、斬って、斬っているけれども、本当に来るんでしょうか」というような、あんな感じでした。とにかく、「力がありそうなところが出てきたら斬っていく」というような感じでしたかね。

野間佐和子　うーん。

酒井　イギリスだって、パパラッチのせいで、結局、ダイアナ妃《ひ》は死んでしまったし……。

野間佐和子　まあねえ。

酒井　やはり、あれは、おかしいなあと思いますよね。

野間佐和子　うーん。まあ、あれは、ちょっとえげつなかったわねえ。

「人の道に反することはしていない」と主張する野間佐和子氏

綾織　ただ、このままだと、ご自身が、表現の自由、言論の自由を振《ふ》りかざす、今のマスコミの悪魔《あくま》になっていく方向ですよね。

野間佐和子　うん？

酒井　文春《ぶんしゅん》や新潮《しんちょう》と、言っていることが、だんだん変わらなくなってきています。

野間佐和子　いや、新潮とは違《ちが》うはずですよ。

酒井　何が違うのでしょうか。

野間佐和子　やっぱり、やっちゃいけない範囲のところがある。

酒井　先ほどは「信仰《しんこう》」と言っていますけれども。

野間佐和子　やっぱりねえ、人間の尊厳を信じてないね、新潮社は。私たちは、基本的人権は尊重してますよ。

大川隆法　（笑）

綾織　尊重していないですよね。

里村　人間の尊厳は、どこから出てくるのですか。何に由来するのでしょうか。

野間佐和子　ああ、それはちょっとねえ、宗教の話になるから難しいんですけど。

里村　いや、まさに宗教なんです。宗教から来ているんですよ。

綾織　それは、「神様を信じる自由」から来ているわけです。あなたたちは、そこを傷つけてきたわけですよね。

里村　実は、「そこが分かるか、分からないか」が、「新潮の悪魔と同じになるかどうか」の境目になってきます。

野間佐和子　うーん……。難しいわね。そこは難しいのよね。

大川隆法　あなたは、キリスト教系の学校に行っていますよね。

また、おたくの会社の隣《となり》は護国寺《ごこくじ》なので、会社としては、密教《みっきょう》系の信仰はやっていたのだろうと思います。まあ、あそこにも、ちょっと〝悪い〟のが、少し入ってはいるのですけれども……（注。護国寺は真言宗豊山派《しんごんしゅうぶざんは》の大本山《だいほんざん》で、真言宗中興の祖とされる覚鑁《かくばん》の流れを汲《く》んでいる。覚鑁は真言密教に浄土《じょうど》思想を取り込んだ独自説を唱《とな》え、金剛峯寺《こんごうぶじ》から追放された）。

酒井　「(成仏《じょうぶつ》できない)理由を知りたい」ということなので、もっと素直《すなお》になられたほうがいいと思うんですよ。

野間佐和子　いや、私はもう、これだけ年を取って、死んでますから……。

酒井　社長だったということも、いったん白紙に戻《もど》して、「本当に、一人の人間だったら、どうしただろう」と。

野間佐和子　だから、私は一人の人間として、そんなに人の道に反することをした覚えはないですけれどもね。

現社長から感じる一定の尊敬の念

大川隆法　今は、あなたのお子様が、四十代で後を継《つ》いで社長をしておられると思います。

野間佐和子　そう。

大川隆法　慶応《けいおう》大学出身の方だったかと思うのですが。私は直接会ったこともないし、書いたものを読んだこともないけれども、今の社長さん、つまり、あなたのお子さんから私が感じるものは、一定の尊敬の念のようなものです。それを感じるんですけれどもね。「年が違う」ということもあるのかもしれません。こちらが年上になっていますから、それもあるのかもしれないですけれども。

野間佐和子　いや、それは、すでに講談社のなかは、幸福の科学に対してアンチではないですから。それは、次期社長にもきちんと継承《けいしょう》されてますし、今は、実際に、（大川隆法の書籍《しょせき》が）ベストセラーとして、「日刊ゲンダイ」にも出るじゃないですか。ねえ？　あんなことはありえないですよ。

大川隆法　「日刊ゲンダイ」も、よく私の本について書いてくれるんですよ。

●日刊ゲンダイ　講談社の系列企業である「株式会社日刊現代」が発行するタブロイド判夕刊紙。

野間佐和子　うん。書いてますけども。

大川隆法　当時は、「日刊ゲンダイ」がいちばん怒《おこ》っていたはずなのに……。

野間佐和子　そうです、そうです。

大川隆法　あちらは、こちらが金を出さずに書評を書いてくださるようなこともあって、珍《めずら》しいですよね。

野間佐和子　そうですよ。世間《せけん》様は、「幸福の科学と講談社は仲が悪い」と思ってますけど、社内ではもう齟齬《そご》はありませんから。かつての人事も刷新《さっしん》されて、新しくなってますので。

「フライデー事件」当時の「日刊ゲンダイ」と幸福の科学の関係

大川隆法　まあ、「フライデー事件」のときも、いちばん危なかったのは「日刊ゲンダイ」だったかもしれません。幸福の科学のほうは、「日刊現代」という新聞社が築《つき》地《じ》にあるとは思わず、みんな、講談社本社（東京都文京区《ぶんきょう》）の二階に日刊現代があると思っていました。講談社グループに並べて書いてあるほうが悪いんですけれども（笑）。

野間佐和子　うーん。

大川隆法　「講談社の出す夕刊タブロイド紙」とあって、本社の二階でつくっているという話だったので、それでみんな同じ所だと思っていたのですが、築地に会社があったらしくて……。

野間佐和子　うん。

大川隆法　向こうのほうは、「新聞が発行できなくなる。訴《うった》えるぞ！」と息巻いていて、すごい勢いで怒鳴《どな》り込《こ》んできたんです。被害《ひがい》を受けたとしたら、あそこは受けたかもしれません。〝誤爆《ごばく》〟だった可能性はなきにしもあらずですけれども。

野間佐和子　うーん。

大川隆法　まあ、ただ、しかたがないですよね。「ゲンダイ」という名前を並べて使っている以上、その程度の〝誤爆〟はやむをえなかったかもしれません。

酒井　講談社の関連でしたよね。

里村　ええ。当時の講談社の紙袋《かみぶくろ》に、ちゃんと「日刊ゲンダイ」の名前が入っていましたので、やはり、関連しています。要するに、同じグループですね（笑）。

大川隆法　まあ、社屋《しゃおく》は築地にあったのでしょう。

「フライデー事件」では講談社内部からも情報提供があった

里村　いろいろな情報もありましたので。

野間佐和子　はあ……。

大川隆法　社長のところにも、幸福の科学の関係者らしき人から電話がかかってくるということで震《ふる》え上がったようですが、社内の電話番号表を提供してくれたのは講談社の人でしたから（笑）。

野間佐和子　うーん。

大川隆法　それで、内線番号など、いろいろなことが全部分かってしまったようです。

里村　インターネットがなくても、当時の信者さんのネットワークで、もう、あっという間に広がりました。

野間佐和子　うーん。

大川隆法　講談社のなかにも信者はいたので（笑）。

野間佐和子　えっ、そうなの？　ふうーん、信者がいたの。うーん……。

大川隆法　「ここにかけたら社長が〝ビビる〟」といったことを教えてくれるようなところもあったのでしょうね。

野間佐和子　信者がいたの。どこにいたの？　ねえ。

里村　いろいろな部署に。

幸福の科学信者を騙《かた》る怪《かい》電話に、合《あい》言葉として使われた経文《きょうもん》の一節

大川隆法　ただ、〝逆襲《ぎゃくしゅう》〟もありましたよ。

野間佐和子　ええ？

大川隆法　そちらのほうからだと思われる〝電話攻撃〟もあって、信者を騙《かた》ったり、警察を騙ったりと、いろいろなことで電話をかけてきて……。

野間佐和子　フフ（笑）。なるほど。

大川隆法　それで、信者を名乗っても、「ちょっと怪《あや》しい」と思われる電話には、「大宇宙に……」と、『正心法語《しょうしんほうご》』の出だしを言ってみて、「その続きを言ってください」と言っても答えられなかったら、「これは偽物《にせもの》だ」と分かったそうです。「山」と「川」というような合図を決めて、外からかかってくるものを、いちおうチェックしたりは

していたようです。

野間佐和子　まあ、それはお互《たが》い様で……。おたくらだって、〝ファクス攻撃〟をしてきたり……。

里村　いやいや。それは、そういうものではありません。信者のみなさんからの抗議ですよ。

大川隆法　いや、業務妨害《ぼうがい》は、そちらのほうが大きかったですよ。その後、一年間ぐらい返本圧力をかけられたりしましたからね。

酒井　うーん。あれはかなりすごかったですね。

野間佐和子　うーん……。

大川隆法　こちらの抗議は、三日間ぐらいでしょうけれども。

10 「売れれば正しい」は、本当に正しいのか

マスコミにおいては、売れても「悪」になることがある

酒井　要するに、「結局、何が悪かったのか」を、今、ここで理解してもらわないといけないんですよ。

野間佐和子　うーん。そう……、そこなんですよ。何が悪かったのか。うーん……、うーん……。

綾織　最初、ここでお話しされたときから、「経営者として間違《まちが》っていなかった」とおっしゃっていますが……。

野間佐和子　そう、そう……。そう、うーん。

綾織　それはちょっと置いておいて……。

野間佐和子　置いといて？

綾織　今、あなたは魂《たましい》なんですから、肩書《かたがき》も何もないですし、一人の人間として……。

野間佐和子　いちおう、死んだことは分かってるんですよ（手を一回叩《たた》く）。死んで……、おばあちゃんみたいですけど、（手を叩きながら）ちゃんと存在していますよ。うーん。

酒井　幸福の科学と和解したから、もう、それでいいのかというところですが、あなた自身の心のなかに、自分をまだ許せないものがあるはずなんですよね。あなたの良心が。

野間佐和子　いやあ、私はもう、恨《うら》みを持ったりはしておりません。

大川隆法　もしかしたら、ご主人（惟道氏《これみち》）のころからの、「売れれば文化がついてくる」という考えあたりに、何か間違いがあったかもしれませんね。

野間佐和子　うーん……。

酒井　そこは、先ほどからおっしゃっていましたね。

大川隆法　マスコミの善悪の基準は「売れるかどうか」だけで、「売れたら、それは善なんだ」ということですが、売れても「悪」の場合もありますからね。

野間佐和子　いやあ……、うーん。でも、「売れる」ってことは、「庶民《しょみん》のニーズがあった」ということじゃないですか。

大川隆法　一般《いっぱん》にはそうでしょう。ただ、俗悪《ぞくあく》文化のようなものを広げるというのであれば、このへんは違っているし、間違った言論が広がるということであれば、売れていても悪になることはあります。

野間佐和子　うーん……。

里村　そうです。思想・文化というのは、ちょっと違うんです。

大川隆法　それは、新聞やテレビでも同じことです。間違った文化や考え方を広げて国民を間違わせたら、売れたとしても、やはり、「悪」でしょう。

酒井　そうですね。

野間佐和子　間違わせたんですかねえ……。うーん……。

酒井　そのあと、国民が堕落《だらく》していくとか、退廃《たいはい》していくとか、国が乱れるとかいうことにつながったり……。

野間佐和子　いやあ、それは、「ヘアヌード」のことをおっしゃってるんですか？

里村　まあ、それだけじゃないです。

初代のころは「私設文部省」ともいわれていた講談社

大川隆法　初代（清治《せいじ》氏）のとき、確か、「講談社は民間の文部省」などといわれていたと思います。「私設文部省」ですか。

野間佐和子　いや、私は、だから読書をね……。

大川隆法　教育に影響《えいきょう》は与《あた》えていたわけですよ。

野間佐和子　いや、教育を与えて……、私だって、「読書の文化をつくろう」とか、児童文学や絵本を推進したりしてたじゃないですか。

大川隆法　それは、幸福の科学から非難されたあと、一生懸命《いっしょうけんめい》にそれを消そうとしていたところもあるのでしょう。

野間佐和子　まあ（苦笑）、それはもちろん、あなたがたのも受けて、そのあと、始めたことですけども。でも、やったことは善の行為《こうい》だったわけじゃないですか。

綾織　良心の呵責《かしゃく》を持っていたわけですよね。

野間佐和子　ここは、そうとう、全国でやったあれですけどね、うん……。

酒井　それについてはいいのです。

●読書の文化をつくろう　野間佐和子氏は1999年に「全国訪問おはなし隊」を創設。また、社団法人「読書推進運動協議会」の会長を務めた。春の「こどもの読書週間」の主催や、「子どもの読書推進会議」の活動等を行った。

「多少傷つけた人はいても、言論の自由の範囲内《はんい》」と語る野間佐和子氏

酒井　ただ、それ以外に、「結局、売れれば正しい」という考えが、まだ残っていたのではないかというところですね。

野間佐和子　うーん……。でも、売れないと、講談社はもう……。

大川隆法　それでは、社員が食べていけないですものね。

野間佐和子　そうなんですよ。食べていけない。でも、こちらは総裁一人が本を出せば食べていけるんでしょう?

酒井　しかし、「何をやっても、売れればいい」ということから、もう違法《いほう》行為でもいいということになったのではないですか。

野間佐和子　違法行為はしてませんから。ちゃんと憲法の範囲《はんい》内の行動をして……、まあ、多少傷つけた人はいるかもしれませんけど、国民の方々のストレスの解消になってるところはあるでしょうねえ。

酒井　まあ、「ヘアヌード」は、あの当時、ある種の違法行為だったと思うんですが。

野間佐和子　違法ではないですよ。「言論・出版の自由」の範囲内ですよ。

酒井　あれは、範囲内なんですか（苦笑）。

野間佐和子　「言論・出版の自由」の範囲内です。

里村　だから、「プラスのこともした」とおっしゃるけれども、結局、マイナスのほうが少々多かったわけです。

野間佐和子　うーん。そこが……。
綾織　その「多少傷つけた」という「多少」が、「多少」ではなかったわけですね。
里村　ええ。多かったんです。「多少」ではなかったということです。
「表現の自由」の範囲《はんい》をギリギリまで広げたことによる人権侵害《しんがい》
野間佐和子　だから、あなたがたに対してやったことの罪なのか、私たちが出版を通じてやったことに対する、何かの反作用なのか。
綾織　うーん。両方あると思います。
里村　両方だと思いますよ、私も。両方あると思う。
野間佐和子　うーん。もしくは、総裁に、私に対する思いが何かあられて……。

大川隆法　うーん、そういうのはありませんが。

ただ、当会は、構造として、「フォーカス」とか「フライデー」とかいう写真雑誌が、「違法行為ギリギリ、あるいは、違法行為のなかにまで入って、書ける範囲《はんい》や取材できる範囲を広げられるだけ広げている。警察とぶつかるぐらいのところまでやって、広げておいて、週刊誌が書けるターゲットを増やして、マーケットを大きくしようとしている」ということが見えていたんです。

野間佐和子　うーん……。

大川隆法　やはり、大きな出版社ではあったので、「フライデー」などが、そういう、周りを広げるというか、「表現の自由の範囲を、ギリギリいっぱいまで広げる」という、ある意味での人権侵害《しんがい》を広げたことは事実なんじゃないでしょうか。

野間佐和子　うーん……。

大川隆法　そして、「あんなにひどいのがあるんだから、ほかのものは、かわいく見える」ということで、ほかの雑誌等も、いろいろと書けたところはあったように思います。おそらく、これは自覚してやっていたはずですよね。

「売るためにはしかたがない」と繰《く》り返す野間佐和子氏

大川隆法　本当は、あなたを恨んでいる人が、たくさんいるのではないですか。

野間佐和子　うーん……。

酒井　確かに、恨まれているということかもしれないですね。

大川隆法　やはり、写真誌や週刊誌で傷ついて、恨んでいる人が、そうとういるのではないでしょうか。

野間佐和子　恨んでる人は、いるでしょうねえ。
酒井　実際に、そういうことで自殺した人もいるかもしれません。
大川隆法　まあ、世間《せけん》の週刊誌に対する信用度は、だいたい、五十パーセント前後でしょう（笑）。五十パーセントぐらいの信頼度《しんらいど》しかないので、「半分ぐらいは合っているかもしれないけれども、半分は間違っている」というあたりだと思います。
野間佐和子　うーん……。でも、私も、週刊誌はそんなに好きではないですけど、そういうものなんですよ。だから、講談社学術文庫のようなものを出してるじゃないですか。
やっぱり、週刊誌は週刊誌として、ああいう体裁《ていさい》を取らないと、売れないじゃないですか。
酒井　ただ、「なぜ、週刊誌は好きではないのか」というところは、もう一度、突《つ》き詰《つ》めて考えてみたらいかがですか。

野間佐和子　うーん……。まあ、それは、きれいなものではない。

酒井「きれいではない」と。

綾織　やはり、あなた個人としては、「いいものではない」ということは、もう分かっているんじゃないですか。

野間佐和子　それは、野間（清治）の考えには反しますよ。反するのは分かってますけど、やっぱり、経営が立ち行かなくなるし。

酒井　しかし、「たくさん売れる」ということは、それが標準になっていくわけですからね。

野間佐和子　うーん……。やはり、あなたがたのところだって、もし、総裁がおられなかったら、経営が厳しくなるでしょ？　まあ、お金を稼《かせ》ぐために、いろんなことをやるじゃないですか。それに近い……。

酒井　そんなことはしないでしょうけどね。

里村　私たちは、そもそも、法の源《みなもと》である大川総裁の教えを広げるために、活動しているんです。

野間佐和子　それは今、（大川隆法の本が）出続けてるから、あんたがたは、そういうことが言えると思うんですよ。

酒井　だからといって、そんな、覗《のぞ》き趣味《しゅみ》の写真週刊誌のようなことはしません。それは、組織のポリシーに反していますから。

野間佐和子　ただ……。うーん、ただね、買い手というのはねえ、刺激《しげき》がないと買わないんですよ。週刊誌でもね。

傷つけた人たちに対しては「すまない」と思っている

酒井　そろそろ時間もなくなってきましたから、はっきり言いますと、やっぱり、そこですよ。そこのところの善悪です。

野間佐和子　だから、何？　あなたがたは、「出版したことは、悪だ」とおっしゃっているんですか？　じゃあ、「マスコミは、すべて悪だ」って……。

酒井　いやいやいや（苦笑）。

里村　いえ、程度問題でもあるんですよ。要するに、小さな出版社が、日陰《ひかげ》の立場で、限られたところでやる分には、そこまでは言わないということもあります。

しかし、ある意味で、今日、何度も出ている「講談社文化」、あるいは、「私設文部省」ともいわれるようなところが、社としてやったときのマイナス部分は大きいということなんです。

野間佐和子　うーん。うーん……。

里村　そして、この判定は、誰《だれ》かが下《くだ》すものではなく、実は、自然と秤《はかり》にかけられているわけですよ。

野間佐和子　だから、私は、その責任を今、一身に背負わされているということになる？　うーん……。

里村　「背負わされている」というか、自分で持ってきたものなんだと思いますよ。

野間佐和子　うーん。でも、私はもう、継《つ》がざるをえなくて、「継いだ身」なのでね。夫が急死して。

里村　しかし、自分でそれを省《かえり》みて、反省したり、その間違いに気がついたりすれば、実は、全部、その荷物は下ろすことができるんです。

野間佐和子　うーん……。

酒井　また、それで被害《ひがい》に遭《あ》って傷ついたり、恨みを持ったりしている人たちに対して、お詫《わ》びの心を持つことですよ。

野間佐和子　うん。でも、私は、まだ講談社の社員を支えてるんですよ。

酒井　まあ、社員はいいとして、それによって被害を受けた人たちにも、「本当に、すまなかったな」という気持ちが出てきたら、おそらく変わると思います。

野間佐和子　いや、傷つけたことに関しては、「すまない」と思ってますよ。

酒井　そこが大切です。

野間佐和子　ですから、あなたがたに対してもねえ、「ちょっと、やりすぎたかもしれない」とは思っているんだけどね。

11　マスコミはなぜ幸福の科学を潰《つぶ》せなかったのか

「現代の神」になっているマスコミとのぶつかり

大川隆法　やはり、時代的にというか、この国においては、マスコミが「現代の神」になっているところがあるわけですよ。それに対して、「幸福の科学が挑戦《ちょうせん》をした」といえば、挑戦したんだと思います。つまり、「いや、神はきちんと価値判断をするものです」ということで出てきたので、ここのところで、本当はぶつかっているのでしょう。

さらに、当会は、「神を名乗っているのはマスコミのほうで、それは偽神《にせがみ》だ。バアル信仰《しんこう》なんだ」ということを〝剝《は》いで〟しまったわけです。そこに、価値判断が入ってきたんですよ。

里村　そうですね。

大川隆法　それに照らすと、まず、「言論・出版の自由」の範囲《はんい》に制限がかかってき始めて、書けないものが出てきましたよね。

要するに、国家レベルのことでも、間違《まちが》った言論であれば、その広がりに対して、当会が批判をしてくるわけです。それから、個人に対しての人権侵害《しんがい》に当たる部分についても、やはり、そういう考え方の間違いを指摘《してき》してきますよね。

結局、講談社の考え方は、「広げるだけ広げて、売れれば文化がついてくる。文化になってしまえば、すべて許される」ということでしょう。

野間佐和子　うーん。

大川隆法　そのように、「たくさん売れれば、文化になって、みんなが受け入れるようになる」ということだったのが、「いや、そんなに騙《だま》されないよ」ということで、逆に、当会がその部分を閉《と》じてきましたから。これが、出版界の代表として、ぶつかったんだろうと思いますね。

野間佐和子　うーん。でも、今も、マスコミのその風潮は続いていますからねえ、そうは言っても。

大川隆法　出版不況《ふきょう》だからですよ。長期的に見ても、そうでしょう。潰《つぶ》れる可能性は、どこにでもあります。

酒井　そうですね。ただ、やはり、「手段を選ばず」というのはまずいと思いますね。

野間佐和子　うーん……。

マスコミは、ある種の戦闘《せんとう》組織である

大川隆法　確かに、個人としてはね、私も書かれているから分かるけど、けっこうきついですよ。自分のことについて、何十万部とか何百万部とか（発行部数を）持っている相手が、個人を攻撃《こうげき》してきたら、反論するほうは、たまったもんじゃないですよ。

出ていって反論しても、今度は、それをまた材料に使われて、〝もみくちゃ〟にされるんですよね。

そして、〝もみくちゃ〟にされているうちに、だんだん、もう何をしても構わないっていう感じになって、〝サンドバッグ状態〟になってくるので。

この構造が分からないために、やられている人は多いんです。

野間佐和子　うーん。

大川隆法　最初のファーストアタックで、たいてい敗れ去ります。ほとんどが、そうですね。

会社まで潰せますよ。

里村　そうです。

大川隆法　例えば、「月刊現代」なんかでも、日本長期信用銀行について、「長銀《ちょうぎん》が潰れるぞ」みたいな記事を書きましたよね。長銀のほうから、十億円ぐらいの大きな訴《そ》訟《しょう》が、バーンと来たと思うけど、あんなの、訴訟なんか間に合わないまま、あっという間に潰れてしまいました。

野間佐和子　うーん。

大川隆法　きつい、きつい。雑誌の記事一本で、取り付け騒《さわ》ぎが起こってしまいますからね。本当に潰せるんです。会社を潰せるので。

会社も潰せるし、個人も潰せるので、ある意味では、軍隊の、何て言うか……、戦《せん》艦《かん》の砲弾《ほうだん》や機銃《きじゅう》に当たるようなものを持っている戦闘《せんとう》組織なんだということです。

酒井　まさに、「第一権力」ですね。

大川隆法　だから、情報を武器にしているけど、マスコミは〝戦闘組織〟なのだということは、よく分かりました。うちの場合はね。

これを知らずに、善意にだけ思っていた人は、ある日突然《とつぜん》にやられるわけです。

「創業者の精神だけでは食っていけない」？

野間佐和子　うーん。講談社のおかげで日本文化がつくられたところは、たくさんあるのでね。そこのプラスの部分と……。

綾織　まあ、昔はそうだと思います。

里村　そういうのは全然、否定してないんですよ。

野間佐和子　総裁がおっしゃった、マイナスの部分？　ここは、夫（野間惟道《これみち》氏）の部分？

酒井　講談社自体の、いちばんのもとにある方（野間清治《せいじ》氏）は、高い世界に還《かえ》っているんですから、その精神を、もう一回取り戻《もど》されたらどうなんでしょうか。

野間佐和子　うーん。でも、その精神だけでは食っていけないんですよ。

酒井　いや、そこに工夫《くふう》が要《い》るんですよ。それこそが経営じゃないですか。

大川隆法　もちろん、売らなければ、どんな株式会社ももたないけれど、例えば、食品会社で売る場合、実は、毒物に当たるものも使っていたというのを知っていて売っていたなら、それは、売上が増えたとしても駄目《だめ》でしょう。

食べた人が、二、三年したら病気になって死ぬとかいうんだったら、それは許されない。企業倫理《きぎょうりんり》に反しますよね。

野間佐和子　うーん。

大川隆法　だから、「書いているもののなかに、間違ったものが入っている」ということは、「食べ物に毒物が混ざった」のと似たようなところがあるわけですよ。そういうことではないですか、〝放射能〟ではないですけど。

野間佐和子　うーん。

里村　会社存続のために、健康被害《ひがい》が出ても構わないという考え方まで行ったら、これはもう駄目なんです。

大川隆法　それは、精神被害ですね。（講談社フライデー事件の際は）「精神的公害訴訟」と、当会でも言いましたが、そんなことを言われたのは、初めてだったかもしれません。

野間佐和子　まあ、私は、ヌードは、反対は反対だったんですけどもねえ。

大川隆法　でも、「フライデー」（編集部）に、ビールか何かを差し入れした段階で、経営者としては終わりですよ。

野間佐和子　まあ、でも、経営者として、女性が継《つ》いでね、まとめるっていうのは大変なんですよ。それなりの部署で、けっこう力を持ってる人はいますのでね。

酒井　まあ、大変なのは分かりました。

野間佐和子氏が、大川隆法にどうしても訊《き》きたいこととは？

酒井　ちょっと、時間もなくなってきましたから、いちおう、この材料をもとに考えてみますか。

野間佐和子　いや、ですから……。

大川隆法　成仏《じょうぶつ》し切れないですね。

野間佐和子　総裁の考えを聞きたいんですよ、まず。

総裁は、講談社を、今、どうご覧になっていて、私の裁定といいますか、それは、何をどう考えていらっしゃるんですか。

大川隆法　いや、「鍛《きた》えていただいた」と思ってますよ。本当に厳しかったですから。いやあ、厳しかったですよ、本当に。

野間佐和子　そうですよねえ。

大川隆法　当会も、いつ潰れるかと思いましたよ。おたく様だけじゃなくて、当会のほうも潰れるかと思って、何とかやってきて、その逆風下で船を進めるのは大変でしたよ。

野間佐和子　へえー……。

大川隆法　私のところも、子供も小さくて、仕事がきつくて、運営は難しいことや分からないことが山のようにあって。

まあ、せめて、「信者が護《まも》ってくれた」というのは救いだったですけど。

野間佐和子　うーん。

大川隆法　それまで、信者さんから、あまり多くお布施《ふせ》を頂いていなかったのですが、危機のときに助けてくださったので。まあ、宗教らしくなってきたというところはありましたけどね。

野間佐和子　うーん。

大川隆法　確かに今の日本で、個人で千九百冊も本を出すなどといったら、あまりにも度が過ぎているでしょう。

もう、讃《たた》えるか、それでなければ、そこまで行く前に潰すか、どちらかしかないのかもしれないですけど。

野間佐和子　うーん。

大川隆法　私は、出版文化自体を否定しているわけではないんですよ。それは残ってもらいたいなとは思っているんです。

野間佐和子　そうですよねえ。

大川隆法　活字文化も、非常に大事なことですからね。

野間佐和子　はい。

大川隆法　まあ、なぜ、あなたが迷っているかについては責任を取りかねますが、たぶん、自分の良心が苦しんでいるんじゃないですか？

まあ、そちらも、そうとう消耗《しょうもう》したんだと思いますけどね。

野間佐和子　うーん……。

幸福の科学がマスコミの攻撃《こうげき》で潰《つぶ》されなかった本当の理由

大川隆法　ほかの宗教は、けっこう潰《つぶ》れていっていますからね。現実に、事件があったら潰れていっていますけど、当会は潰れていきませんでした。

里村　はい。

大川隆法　あと、「講談社フライデー事件」は、みんな、恐《おそ》ろしくて触《さわ》らないというか、歴史のなかから消されていきましたよね。

どこも、活字としてそういう言葉は使わないし、マスコミも触らないようになっていきましたから。

そういう意味で、講談社のように大きいところが孤立《こりつ》させられたというのは、すごく不本意だったかもしれないですけれども。

野間佐和子　うーん。うーん……。

大川隆法　ほかのところは、本当に潰れていますから。叩《たた》かれて潰れた宗教もあるので。

でも、当会は、「売れていたから潰れなかった」というだけではないと思いますよ。やはり、言っていることに一定の正当性があったから、その部分は崩《くず》せなかったんだとは思います。

野間佐和子　うーん……。

大川隆法　運営は、立ち上げ期で下手《へた》だったから、いろいろと失敗というか、うまくいかなかったところがたくさんあったので。批判されたら、「それは、そのとおりだ」と思うところもありました。寄せ集めの人たちの所帯《しょたい》でやっていたので、まだ普通《ふつう》の会社のようにキチッとした運営はできていませんでしたから、隙《すき》はあったと思います。

ただ、宗教には、運営的に、なかなかうまくいかないところはあるんだけど、だんだんに洗練されていかなければいけないので、その間をどう見るかというところはありますよね。

野間佐和子　うーん……。

大川隆法　確率論的に言えば、偽物《にせもの》のほうが多いというのは、そうでしょうから、一《いっ》般《ぱん》的に「叩いておけばいい」という考えが立つのは分かりますけどね。

野間佐和子　いや、それは分からないんですよ。うーん、まあ、そこで間違ったのかなあ。うーん……。

12 経営者にはトータルの責任がかかってくる

「新潮《しんちょう》や文春《ぶんしゅん》の責任も被《かぶ》っている感じがする」

大川隆法　でも、なぜ、今、来たんでしょうね。新潮社《しんちょうしゃ》とか文春《ぶんしゅん》とかを救うために来たんですか？　そんな友情はないの？

野間佐和子　うん。救う気はない。

大川隆法　（笑）

野間佐和子　いや、あの人たちの責任も、私が被《かぶ》ってる感じがするのよね、どちらかというと。

酒井　あっ、被っているんですね。

野間佐和子　結局、私が（幸福の科学に対する攻撃《こうげき》を）始めた感じで、あの人たちが犯《おか》した悪事さえも、私の「悪」が積み重なる感じが……。うーん、だから、さっき……。

里村　ならばこそ、今、「間違《まちが》っていた」という部分を、素直《すなお》に認められたほうがいいんじゃないですか？

野間佐和子　だから、そこが分かりにくいんですよ。

里村　その分かりにくい部分が、今日、話していて、少し伝わったかと思うんです。つまり、利潤《りじゅん》の追求は間違ってはいないけど、そのために何をしてもいいっていうかたちでやってる出版社と、人を救うために動いている宗教団体とは違うんだというところです。

野間佐和子　うーん……。まあ、そらあ、宗教は違いますけどねえ。あなたがたは、出版は出版で持ってますからね。

大川隆法　やはり、それは、会社の方針とか、趣味《しゅみ》に当たるんでしょうけどね。だから、マンガの『進撃の巨人《きょじん》』がいくら売れても、幸福の科学出版からはたぶん出ないでしょう。こちらは、おたくに比べれば小さな出版社かもしれないけど、出ないものは出ないでしょうね。別に、「俗悪《ぞくあく》だ」と言っているわけではありませんが、趣味として、たぶん出さないだろうということは分かります。

そのへんについては、やはり「出版には責任が伴《ともな》う」ということでしょうね、基本的にね。

野間佐和子　うーん……。そうなんですかねえ。

大川隆法　自分が全部つくっていたわけではないだろうし、社員がつくっていたのでしょうけど、「総合責任は、経営者にかかる」というのはしかたがないね、トータルでね。

野間佐和子　うーん、かかってきたんでしょうねえ。それが、野間（清治《せいじ》）が言ってた、「時間がかかる」ってことなんですかねえ。

酒井　そういうことなんですね。まあ、やっぱり時間をかけながら行くしかないでしょうかね。

野間佐和子　うーん……。

酒井　ただ、そこまでの心の苦しみを持っているということは、やっぱり、「心のなかに良心がある」ということは事実ですから。

野間佐和子　うーん……。おかしいなあ……。

「フライデー事件」当時、講談社にあった霊的《れいてき》な影響《えいきょう》

大川隆法　私たちとしては、（講談社の）お隣《となり》のお寺あたりの影響《えいきょう》で、フライデー事件のときに、「覚鑁《かくばん》が講談社を使って、だいぶやっているのかな」と思ったのです。

確かに、あれが終わったあと、覚鑁は全然出てこなくなったから、あれでかなり消《しょう》耗《もう》したんじゃないかと（笑）。

野間佐和子　うーん……。

大川隆法　昔は、しつこかったんです。すごくしつこかったんですけど、出なくなってきたから、消耗したんじゃないですかね、たぶん。

酒井　そうですね。

大川隆法　当然、あなたのお葬式《そうしき》も、覚鑁の信仰《しんこう》の下《もと》で挙げたのだと思いますけど。

野間佐和子　うーん。覚鑁ですかあ。まあ、いちおう中興《ちゅうこう》の祖《そ》ですけどね、あの人。

大川隆法　お隣の護国寺《ごこくじ》で祀《まつ》ってあって、ご祭神《さいじん》みたいな感じの、まあ、〝ご本尊《ほんぞん》〟でいらっしゃるので。そこで、おたくは、会社関連のものは、たぶんやっていると思うんですけど。

だから、おたくと揉《も》めているときには、覚鑁の影響が、そうとう出ていると思っていました。

いちおう、（フライデー事件が）終わったあとは来なくなったので、あちらもエネルギーを消耗し尽《つ》くしたのかなとは思いましたけどね。

野間佐和子　ハアー（ため息）。

大川隆法　まあ、あの人（覚鑁）も、真言密教《しんごんみっきょう》の即身成仏《そくしんじょうぶつ》の思想と、浄土真宗《じょうどしんしゅう》の南無《なむ》阿弥陀仏《あみだぶつ》の思想とを一緒《いっしょ》にしたような……。

野間佐和子　そう、そう、そう、そう。

大川隆法　そういう、「南無阿弥陀仏と言っただけで即身成仏できる」とかいう思想をつくりましたよね。

だから、「売れれば文化がついてくる」にも、ちょっと似たところはあるんですよ。

酒井　似てますね。

大川隆法　「南無阿弥陀仏と言ったら即身成仏できる」というと、なんか、すごく便利な思想ですよね。インスタントラーメンをさらに進めたような思想ですけど。

当会では、それはちょっと……。「南無阿弥陀仏と言ったら、すぐに仏様になる」というのは、昔ならともかく、今は、さすがに言えませんね。

酒井　だから、当会には、千九百冊もの経典《きょうてん》があるわけです。

大川隆法　教えを説いていますのでね。

野間佐和子　うーん。

「フライデー」がなくなったら、野間氏の罪は軽くなる？

里村　ですから、思想にかかわる場合は、個人の気づきだけで、なかなかスッとは成仏できないところがあって、ある意味で、広げた毒素なり、影響力《えいきょうりょく》なりが少し弱まるのを待たなければいけないわけです。

大川隆法　まあ、出版物として、いろいろな本や雑誌など、講談社文化をつくっているもののトータルで、どうかということですよ。

もちろん、善悪はあると思うけど、やっぱり、トータルで、若干《じゃっかん》、マイナスがあるんじゃないでしょうかね。

野間佐和子　うーん。

大川隆法　その累積《るいせき》部分が、たぶん乗っているんじゃないですか。意外に、「フライデー」の赤字の累積の部分で苦しんでいるんじゃないですか?「フォーカス」は、赤字で、「休刊」と称《しょう》して廃刊《はいかん》していますけど。あれは、とうとう赤字になってしまって。

だから、「フォーカス」が赤字で、「フライデー」が赤字でないはずないですよね。

里村　「フォーカス」は、三十万部でやめたんですよ。「フライデー」は二十万部台ですから。

大川隆法　ああ、それは、赤字でないわけはないけれども、意地で残しているんでしょう?

野間佐和子　ううーん……。

大川隆法　当会と戦った意地で残しているんだと思うんですが、おやめになったらどうですか？　そうしたら、軽くなるんじゃないですか？

野間佐和子　いやあ、やっぱり、講談社は大手ですから。プライドもあるのでねえ、そんな……。

大川隆法　いや、私だって、ときどき、「フライデー」を買ってますよ。

野間佐和子　ああ、そうなんですか。

大川隆法　ときどき、切れ味のいい政治への批判の記事が載《の》るから、それだけのために買うんだけど。

ただ、関係ないものが、たくさん付いているので、困るんですけどね。

野間佐和子　それは、読者のニーズがあるからねえ。

酒井　いや、ニーズがあるかどうかは（苦笑）。

大川隆法　だから、秘書のほうで、そのいやらしいのを切り取って上げてくるんだけど、そうすると、もっといやらしい感じになるんですよ（笑）。

刑務所《けいむしょ》の看守が切り取ったみたいに、写真を一生懸命《いっしょうけんめい》に切り刻んで、政治記事だけ残ったものを上げてくると、あの感じは、すごくいやらしいんです。

「そこまでやらなくていいですよ」とは言っているんですけどね（笑）。

酒井　（笑）まあ、「フライデー」をやめるっていうのは、一つの手ですね。

大川隆法　やめたらどうですか。どうせ、赤字なんでしょう？　累積で何十億になったんですか？

野間佐和子　赤字です。赤字です。

大川隆法　「フォーカス」は、五十億ぐらいあったか、何十億だったか、すごい赤字が出ていましたけど。「フォーカス」より赤字の累積は大きいはずですよ、長くやってるから。

そろそろ、やめたらどうですか。

野間佐和子　うーん……、もし、「フライデー」がなくなったら、私の罪が軽くなるんですかねえ。

「フライデー」をやめられなかった意外な理由とは

大川隆法　こちらも、ちょっと悪いんですけど、罠《わな》を仕掛《しか》けたようなところがありますからね。最初、「講談社＝フライデー」と書いて、「講談社＝フライデー」廃刊の運動をやったので（笑）。

「イコールで結んだら、やめられないだろう」と思って、知ってて、わざとイコールで結んだんですけど（笑）。

野間佐和子　そうなんですよ。

大川隆法　イコールにしたから、（「フライデー」を）やめられなくなったんでしょう？　やめられないのを知っていてやったんです。だから、赤字が続くって言うけれども、織り込《こ》み済みだったんです。ごめんなさい。

野間佐和子　私は、やめようと思ってたんですから。いや、あんな雑誌は、一時期のヘアヌード・ブームのなかでしか生き残れない雑誌だったんで。

大川隆法　まあ、そちらのほうは、だんだん映像のほうで観《み》られるようになってきつつあるから、本当はもう、ニーズはなくなってきてるんじゃないですか。

野間佐和子　うーん、もう厳しいんですよ。

大川隆法　それに、外国でも自由に見られるところはあるから、そのまねをしているという意味では、全部、オリジナルの間違いとは言わないですけどね。たぶん、あのあたりの影響ですかね。

まあ、「週刊現代」のものは、昔に比べて、どぎつさは、少し薄《うす》くなったかなとは思います。昔ほど、どぎつくはなくなってきましたよね。

里村　ええ、ええ。

大川隆法　毒素は、やっぱり、「週刊新潮」なんかのほうが強いですね、はるかにね。

野間佐和子　うーん。

意見を言う者は襟《えり》を正さねばならない

大川隆法　まあ、大衆路線というのは、一般的《いっぱん》には、大衆を愛さなくてはいけないんですよ。

娯楽《ごらく》というのも、大衆路線の一つではあるし、娯楽は娯楽でマーケットは別にあるんだけど。それと、「正論を吐《は》く」というのを一緒にするのは、うまい作戦のように見えて、何か違いはあるんですよね。

やはり、意見を言うようなものであれば、襟《えり》を正して意見を言わなくてはいけないわけです。世の中を正すために意見を言うなら、それなりに襟を正して、きちんと言うべきであって、そういう娯楽ものと一緒にやるのは、ずるい考えなのかもしれませんね。

野間佐和子　まあ、いちおう、分けてはいたんですけどねえ。

大川隆法　やっぱり、「カジノの経営者が、そのまま来て、文部科学大臣をやるわけ

には いかない」というようなところはあるわけで、難しいんですよ。

野間佐和子　うーん……。

酒井　では、そろそろお時間なので……。

大川隆法　まあ、成仏し切れなかったけど、とりあえず、「告白はあった」ということです。「あとに続く者たちへの警鐘《けいしょう》はあった」ということでしょう。

酒井　はい。

大川隆法　でも、とりあえず、お引き取りいただきたいですね。誰《だれ》かのところに残留されると困るので。

酒井　ええ、ええ。

大川隆法　どこへ還《かえ》りますかね。

里村　いちおう話は聞きましたので……。

野間佐和子　うーん……。

里村　お一人で、もうちょっと、よく考えてみてください。

大川隆法　まあ、プライバシーに注意して本をつくるように言いますから。

野間佐和子　決して私は、悪魔《あくま》にはなってませんよ。それは、ちゃんと言っといてください ね。

酒井　まあ、（野間）清治さんまで来たのであればね。

野間佐和子　ええ。私は、ちゃんと、マスコミの倫理《りんり》を、ある程度守ったし、人として恥《は》じることをやったつもりはありませんので。

大川隆法　だから、児童書を出して、児童を育《はぐく》もうとしてるところが、俗悪なものを一緒に出すっていうのは、文化として、おかしいことはおかしいんですよ。やっぱり、ブランドが同じではおかしいんです。

酒井　おかしいですね。

大川隆法　せっかく健全な子供たちを育てているのに、みんな変わってくるわけですから。

やっぱりそれは、おかしいことはおかしいので、そのブランドをきちんと分けなくてはいけないですね。

野間佐和子　うーん……。

大川隆法　暴力団に売り渡《わた》さなくてはいけないブランドがあるのかもしれませんよ。

野間佐和子　ああ……。

酒井　では、今日は、これでいったん、お引き取りいただいて……。

大川隆法　ええ。まあ、いったん出てもらいましょうか。すぐには成仏しないと思いますが、いったん出てください。お願いします。

（手を二回叩《たた》く）はい！　（手を一回叩く）はい、出ます！　（手を一回叩く）はい、出ます！　（手を一回叩く）はい、出ます！

酒井・里村　ありがとうございました。

13 「マスコミ性善説《せいぜんせつ》」は終わった

大川隆法　まあ、「マスコミ、必ずしも善ならず」ということ、それから、「自分たちの立場を、常に謙虚《けんきょ》に反省しながらやらなければいけない」というところを伝えるだけでも、意味はあるでしょう。

酒井　ええ、大きいと思います。

大川隆法　だから、戦後は、今、話題の憲法学者たちも、「とにかく、言論の自由が最高で、ギリギリいっぱいまで保障しなくてはいけないんだ」という性善説《せいぜんせつ》の考え方でしたからね。

里村　はい。

大川隆法　やはり、「それは終わった」ということでしょう。マスコミが強くなりすぎて、御政道《ごせいどう》が曲がることも起き始めてきていますからね。

酒井　そうですね。

大川隆法　本来、権力としてのチェックが利《き》かないようになっているんです。まあ、（マスコミは）自然発生的に、言論や出版の自由から出てきた権力ですけどね。

ただ、当会も、同じようなもの（信教の自由）から、対抗《たいこう》するものを出してきたのかもしれません。

酒井　はい。

大川隆法　もしかしたら、今、戦後の日本の流れを変えようとしていることと、何か関係があるのではないでしょうか。

酒井　そうですね。

大川隆法　はい、ありがとうございました。

一同　ありがとうございました。

あとがき

二十四年前、私としては尊敬していた№1出版社講談社から、「週刊フライデー」「週刊現代」「月刊現代」などのメディアミックスを通じて「車《くるま》がかりの陣《じん》」のような波状攻撃《はじょうこうげき》を受け、その他のメディアも便乗《びんじょう》してきたので、予備知識もなく大変驚いた。そして、人智学《じんちがく》のシュタイナーが哲学者ニーチェを指して言った「現代の悪魔は活字メディアを使って侵入してくる」という趣旨の言葉が、ニーチェにだけあてはまるのではなく、マスコミなくして成り立たなくなった現代民主主義政治にもズバリ適用されることを知った。

憲法学者が、「言論の自由市場《じゆうしじょう》」にまかせておけば、正しい言論が勝って、正義が実現されると考えているのが、いかに「甘《あま》ちゃん」か、も判《わか》った。やはり言論の背景には正しい価値判断が必要で、本物の宗教の公益性《こうえきせい》は、神仏から降《お》ろされる「時代への価値判断」にあると深く信ずるに到《いた》った。これがなければ、「利益《りえき》」や「購読部数《こうどくぶすう》」「視聴率《しちょうりつ》」「組織の力」「看板力《かんばんりょく》」が「正しさの基準」になりかねないのだ。

今となっては講談社にも、故・野間佐和子社長にも、個人的に含《ふく》むところは何もない。ただこの機会を活《い》かして、若い後進の一般マスコミ人や、メディア・リテラシー（メディア解読力《かいどくりょく》）を持つことが要請される、モノを言う国民に参考になることを願うばかりである。

なお本書出版により、元社長の霊が、救われるきっかけとなることを祈ってやまない。

二〇一五年　七月二十三日

幸福《こうふく》の科学《かがく》グループ創始者兼総裁《そうししゃけんそうさい》　大川隆法《おおかわりゅうほう》

『巨大出版社　女社長のラストメッセージ　メディアへの教訓』大川隆法著作関連書籍

『宗教選択の時代』（幸福の科学出版刊）
『赤い皇帝　スターリンの霊言』（同右）
『「文春」に未来はあるのか——創業者・菊池寛の霊言——』（同右）
『人間失格——新潮社　佐藤隆信社長・破滅への暴走』（同右）
『「仏説・降魔経」現象編——「新潮の悪魔」をパトリオットする』（同右）
『「週刊新潮」に巣くう悪魔の研究』（同右）
『ローラの秘密』（同右）
『地獄の条件——松本清張・霊界の深層海流』（同右）
『徹底霊査「週刊新潮」編集長・悪魔の放射汚染』（同右）
『「週刊文春」とベルゼベフの熱すぎる関係』（同右）

巨大出版社《きょだいしゅっぱんしゃ》 女社長《おんなしゃちょう》のラストメッセージ
メディアへの教訓《きょうくん》

2015年 7 月27日　初版第 1 刷

著　者　　大《おお》 川《かわ》 隆《りゅう》 法《ほう》

発行所　　幸福の科学出版株式会社

〒107-0052 東京都港区赤坂 2 丁目 10 番 14 号
TEL(03)5573-7700
http://www.irhpress.co.jp/

印刷・製本　株式会社 東京研文社

落丁・乱丁本はおとりかえいたします

ISBN978-4-86395-702-2 C0030

大川隆法 霊言シリーズ・マスコミのあり方を検証する

「文春」に未来はあるのか
創業者・菊池 寛の霊言

正体見たり！ 文藝春秋。偏見と妄想に満ちた週刊誌ジャーナリズムによる捏造記事の実態と、それを背後から操る財務省の目論見を暴く。

1,400円

芥川龍之介が語る「文藝春秋」論評

菊池寛の友人で、数多くの名作を遺した芥川龍之介からのメッセージ。菊池寛の死後の様子や「文藝春秋」の実態が明かされる。

1,300円

「仏説・降魔経」現象編——「新潮の悪魔」をパトリオットする

「週刊新潮」「フォーカス」を創刊し、新潮社の怪物と称された齋藤十一の霊が、幸福の科学を敵視する理由を地獄から激白！

1,400円

※表示価格は本体価格（税別）です。

大川隆法霊言シリーズ・マスコミのあり方を検証する

「週刊新潮」に巣くう悪魔の研究

週刊誌に正義はあるのか

ジャーナリズムに潜み、世論を操作しようとたくらむ悪魔。その手法を探りつつ、マスコミ界へ真なる使命の目覚めを訴える。

1,400円

現代ジャーナリズム論批判

伝説の名コラムニスト深代惇郎は天の声をどう人に語るか

従軍慰安婦、吉田調書……、朝日の誤報問題をどう見るべきか。「天声人語」の名執筆者・深代惇郎が、マスコミのあり方を鋭く斬る！

1,400円

ナベツネ先生 天界からの大放言

読売新聞・渡邉恒雄会長 守護霊インタビュー

混迷する政局の行方や日本の歴史認識への見解、さらにマスコミの問題点など、長年マスメディアを牽引してきた大御所の本心に迫る。

1,400円

大川隆法シリーズ・最新刊

箱根山噴火リーディング

首都圏の噴火活動と「日本存続の条件」

箱根山の噴火活動は今後どうなるのか? 浅間山・富士山噴火はあるのか? 活発化する火山活動の背景にある霊的真相を、関東を司る神霊が語る。

1,400円

されど、大東亜戦争の真実 インド・パール判事の霊言

自虐史観の根源にある「東京裁判」の真相は何だったのか。戦後70年、戦勝国体制の欺瞞を暴き、日本が国家の気概を取り戻すための新証言。

1,400円

赤い皇帝 スターリンの霊言

旧ソ連の独裁者・スターリンは、戦中・戦後、そして現代の米露日中をどう見ているのか。共産主義の実態に迫り、戦勝国の「正義」を糺す一冊。

1,400円

この地球《ほし》は、宇宙に必要か？
あなたを待ち受ける、衝撃の〝宇宙体験〟
ベガ、プレアデス、ダークサイド・ムーン――
ついに、地球人は「宇宙人の秘密」を目撃する！
大川隆法 製作総指揮
長編アニメーション映画
UFO学園の秘密
The Laws of The Universe Part 0
製作総指揮・原案／大川隆法
監督／今掛勇　脚本／「UFO 学園の秘密」シナリオプロジェクト　音楽／水澤有一
総合プロデューサー／本地川瑞祥 松本弘司
総作画監督・キャラクターデザイン／今掛 勇　キャラクターデザイン／佐藤 陵　須田正己　美術監督／渋谷幸弘
VFX クリエイティブディレクター／粟屋友美子
キャスト／逢坂良太　瀬戸麻沙美　柿原徹也　金元寿子　羽多野渉
銀河万丈　仲野裕　千菅春香　藤原貴弘　白熊寛嗣　二又一成　伊藤美紀　浪川大輔
アニメーション制作／ HS PICTURES STUDIO　幸福の科学出版作品
©2015 IRH Press　配給／日活　配給協力／東京テアトル
UFO学園　検索
10月10日、全国一斉ロードショー！

幸福の科学グループのご案内

宗教、教育、政治、出版などの活動を通じて、地球的ユートピアの実現を目指しています。

宗教法人　幸福の科学

一九八六年に立宗。一九九一年に宗教法人格を取得。信仰の対象は、地球系霊団の最高大霊、主エル・カンターレ。世界百カ国以上の国々に信者を持ち、全人類救済という尊い使命のもと、信者は、「愛」と「悟り」と「ユートピア建設」の教えの実践、伝道に励んでいます。

（二〇一五年七月現在）

愛

幸福の科学の「愛」とは、与える愛です。これは、仏教の慈悲《じひ》や布施《ふせ》の精神と同じことです。信者は、仏法真理をお伝えすることを通して、多くの方に幸福な人生を送っていただくための活動に励んでいます。

悟り

「悟り」とは、自らが仏の子であることを知るということです。教学《きょうがく》や精神統一によって心を磨き、智慧《ちえ》を得て悩みを解決すると共に、天使・菩薩《ぼさつ》の境地を目指し、より多くの人を救える力を身につけていきます。

ユートピア建設

私たち人間は、地上に理想世界を建設するという尊い使命を持って生まれてきています。社会の悪を押しとどめ、善を推し進めるために、信者はさまざまな活動に積極的に参加しています。

国内外の世界で貧困や災害、心の病で苦しんでいる人々に対しては、現地メンバーや支援団体と連携して、物心両面にわたり、あらゆる手段で手を差し伸べています。

年間約３万人の自殺者を減らすため、全国各地で街頭キャンペーンを展開しています。

公式サイト www.withyou-hs.net

ヘレン・ケラーを理想として活動する、ハンディキャップを持つ方とボランティアの会です。視聴覚障害者、肢体不自由な方々に仏法真理を学んでいただくための、さまざまなサポートをしています。

公式サイト www.helen-hs.net

学部のご案内

人間幸福学部

人間学を学び、新時代を切り拓くリーダーとなる

人間の本質と真実の幸福について深く探究し、
高い語学力や国際教養を身につけ、人類の幸福に貢献する
新時代のリーダーを目指します。

経営成功学部

企業や国家の繁栄を実現する、起業家精神あふれる人材となる

企業と社会を繁栄に導くビジネスリーダー・真理経営者や、
国家と世界の発展に貢献する
起業家精神あふれる人材を輩出します。

未来産業学部

新文明の源流を創造するチャレンジャーとなる

未来産業の基礎となる理系科目を幅広く修得し、
新たな産業を起こす創造力と起業家精神を磨き、
未来文明の源流を開拓します。

未来創造学部

2016年4月
開設予定

時代を変え、未来を創る主役となる

政治家やジャーナリスト、ライター、俳優・タレントなどのスター、
映画監督・脚本家などのクリエーターを目指し、国家や世界の発展、
幸福化に貢献できるマクロ的影響力を持った徳ある人材を育てます。

キャンパスは東京がメインとなり、2年制の短期特進課程も新設します
（4年制の1年次は千葉です）。2017年3月までは、赤坂「ユートピア
活動推進館」、2017年4月より東京都江東区（東西線東陽町駅近く）
の新校舎「HSU未来創造・東京キャンパス」がキャンパスとなります。

教育

学校法人 幸福の科学学園

学校法人 幸福の科学学園は、幸福の科学の教育理念のもとにつくられた教育機関です。人間にとって最も大切な宗教教育の導入を通じて精神性を高めながら、ユートピア建設に貢献する人材輩出を目指しています。

幸福の科学学園

中学校・高等学校（那須本校）
2010年4月開校・栃木県那須郡（男女共学・全寮制）
TEL 0287-75-7777
公式サイト happy-science.ac.jp

関西中学校・高等学校（関西校）
2013年4月開校・滋賀県大津市（男女共学・寮及び通学）
TEL 077-573-7774
公式サイト kansai.happy-science.ac.jp

ハッピー・サイエンス・ユニバーシティ（HSU）
TEL 0475-32-7770

仏法真理塾「サクセスNo.1」 TEL 03-5750-0747（東京本校）
小・中・高校生が、信仰教育を基礎にしながら、「勉強も『心の修行』」と考えて学んでいます。

不登校児支援スクール「ネバー・マインド」 TEL 03-5750-1741
心の面からのアプローチを重視して、不登校の子供たちを支援しています。
また、障害児支援の**「ユー・アー・エンゼル！」運動**も行っています。

エンゼルプランV TEL 03-5750-0757
幼少時からの心の教育を大切にして、信仰をベースにした幼児教育を行っています。

シニア・プラン21 TEL 03-6384-0778
希望に満ちた生涯現役人生のために、年齢を問わず、多くの方が学んでいます。

NPO 活動支援

学校からのいじめ追放を目指し、さまざまな社会提言をしています。また、各地でのシンポジウムや学校への啓発ポスター掲示等に取り組む一般財団法人「いじめから子供を守ろうネットワーク」を支援しています。

公式サイト mamoro.org
相談窓口 TEL.03-5719-2170
ブログ blog.mamoro.org

政治

幸福実現党

内《ない》憂《ゆう》外《がい》患《かん》の国難に立ち向かうべく、二〇〇九年五月に幸福実現党を立党しました。創立者である大川隆法党総裁の精神的指導のもと、宗教だけでは解決できない問題に取り組み、幸福を具体化するための力になっています。

党員の機関紙
「幸福実現NEWS」

TEL 03-6441-0754
公式サイト hr-party.jp

出版メディア事業

幸福の科学出版

大川隆法総裁の仏法真理の書を中心に、ビジネス、自己啓発、小説など、さまざまなジャンルの書籍・雑誌を出版しています。他にも、映画事業、文学・学術発展のための振興事業、テレビ・ラジオ番組の提供など、幸福の科学文化を広げる事業を行っています。

アー・ユー・ハッピー？
are-you-happy.com

ザ・リバティ
the-liberty.com

幸福の科学出版
TEL 03-5573-7700
公式サイト irhpress.co.jp

THE FACT

ザ・ファクト
マスコミが報道しない
「事実」を世界に伝える
ネット・オピニオン番組

Youtubeにて
随時好評配信中！

ザ・ファクト　検索

入 会 の ご 案 内

あなたも、幸福の科学に集い、
ほんとうの幸福を
見つけてみませんか？

幸福の科学では、大川隆法総裁が説く仏法真理をもとに、
「どうすれば幸福になれるのか、また、
他の人を幸福にできるのか」を学び、実践しています。

入会

大川隆法総裁の教えを信じ、学ぼうとする方なら、どなたでも入会できます。入会された方には、『入会版「正心法語」』が授与されます。（入会の奉納は1,000円目安です）

ネットでも**入会**
できます。詳しくは、
下記URLへ。
happy-science.jp/joinus

三帰《さんき》誓願《せいがん》

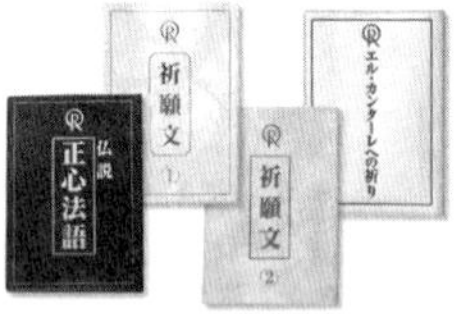

仏弟子としてさらに信仰を深めたい方は、仏・法・僧の三宝への帰依を誓う「三帰誓願式」を受けることができます。三帰誓願者には、『仏説・正心法語』『祈願文①』『祈願文②』『エル・カンターレへの祈り』が授与されます。

植福《しょくふく》の会

植福は、ユートピア建設のために、自分の富を差し出す尊い布施の行為です。布施の機会として、毎月1口1,000円からお申込みいただける、「植福の会」がございます。

「植福の会」に参加された方のうちご希望の方には、幸福の科学の小冊子（毎月1回）をお送りいたします。
詳しくは、下記の電話番号までお問い合わせください。

月刊
「幸福の科学」

ザ・伝道

ヤング・ブッダ

ヘルメス・
エンゼルズ

INFORMATION
幸福の科学サービスセンター
TEL. 03-5793-1727（受付時間 火～金：10～20時／土・日・祝日：10～18時）
宗教法人 幸福の科学 公式サイト **happy-science.jp**